AI魔法盒
給中小學生的人工智慧奇趣故事書

AI THE MAGIC BOX
AN ACTIVITY BOOK ON ARTIFICIAL INTELLIGENCE

鍾婷婷、毛昱文、鍾佩芝、拉尼・本加利、丹妮爾・席衣、楊一思 ──── 著

五南圖書出版公司 印行

鍾婷婷（Rachel Chung）

毛昱文（Jennifer Mau）

鍾佩芝（Peggy Chung）

拉尼・本加利（Rani Banjarian）

丹妮爾・席衣（Danielle Seay）

楊一思（Alisa Yang）

推薦序

打開 AI 的魔法盒，陪孩子探索未來的世界

這幾年，我們常聽到一句話：「AI 不會取代人，但會使用 AI 的人，會取代不會的人。」身為長期關注教育與人工智慧的大學教授，我知道這不是口號，而是對未來的提醒。身為兩個孩子的媽媽，我更思考的是——我們該怎麼陪孩子準備好，去理解、面對，甚至善用這個快速變化的世界？

現在的孩子，其實早已活在 AI 的世界裡，是所謂的 AI 原生世代。從 ChatGPT 找答案、與語音助理對話，到學習網站上的自動批改，AI 已悄悄地成為他們每天接觸的夥伴。但對他們來說，AI 像是一個無法解釋的「魔法盒（Magic Box）」，厲害卻神祕。

相較於只會點按鈕、看結果，這一代的孩子更需要具備獨立思考的能力，才能在未來的學習與工作中，有效運用 AI 工具，而不是完全依賴它們。因此，應及早從三個面向著手，積極培養核心能力：

▶ 分析能力：能拆解問題，理解背後邏輯。

▶ 評估能力：判斷答案對不對、適不適合。

▶ 創造性思考：想像新可能，讓 AI 協助解決生活中的真問題。

這也是我特別喜歡《AI 魔法盒》這本書的原因。它做到了我們一直想做卻難以做到的事：用孩子聽得懂的方式，把 AI 說清楚。

書中的主角——康康和娜娜是一對想說服媽媽領養小狗的兄妹，聽起來是不是很可愛？他們的故事一邊展開，也一邊帶著孩子們學習 AI

的三個基本步驟：資料收集（**Collect**）、模型訓練（**Train**）、做出決策（**Decide**）。孩子在閱讀中，逐漸理解什麼是類神經網路、機器學習，以及我們常聽到的「模型訓練」，到底是怎麼一回事。

而這本書最棒的地方，是從樂趣與好奇心出發，激發孩子的學習動機。它不像教科書那樣堆疊理論，而像一本互動故事書。每章後面都有練習，讓孩子動手寫、動腦想，最後還有挑戰題，就像在闖關。孩子會忍不住一次次問：「為什麼？我可以換個方法試試看嗎？」這樣的學習方式才能真正讓人深度思考，也最能啟發潛力。

不要讓孩子把 AI 當成神祕難懂的科技。除了學會「使用」，更要學會「理解」與「質疑」。因為只有真正了解，他們才有能力討論與批判 AI 的倫理問題，理解人類的角色與責任，甚至未來能創造出更好的 AI 應用。

當孩子能理解 AI、善用它，並且駕馭它，他們就擁有了一把探索未來世界的鑰匙。

我真心推薦這本《AI 魔法盒》給每位家長和老師。它不只是帶著孩子學 AI，更是訓練他們如何思考、判斷，成為有思辨力的人。

陳縕儂教授

臺灣大學資訊工程學系

前　言

　　近年來，人工智慧（AI）席捲全球，成為家喻戶曉的重要話題。現在的社會裡，人人都應該了解 AI，這樣它就不再只是個「黑盒子」，或如我們在書中所稱的「魔法盒」。因為 AI 充滿了各種流行術語，所以需要用更簡單的方式來解釋 AI 的運作原理，好讓大人和小孩都能瞭解 AI 並且安全合理的使用 AI。根據研究，持續且有創意地將學習與現實生活聯繫起來，是引領孩子投入 STEAM（科學、科技、工程、藝術和數學）領域至關重要的因素。因此，在新冠疫情期間，鍾博士、其前碩士學生拉尼・本加利，以及她妹妹鍾佩芝，共同創辦 Data Scientist Junior（DSJr.）網路學習課程，透過日常生活俯拾即是的例子來讓學生學習資料科學。

　　DSJr. 團隊決定撰寫《**AI 魔法盒**》這本遊戲書，希望透過大家都能理解的有趣生活故事如何找到最合適的家庭寵物，幫助中小學生理解 AI 的關鍵概念。讀者跟隨主角康康和娜娜這對兄妹，一起展開領養小狗的旅程，並且一步步完成我們設計的活動，就能輕鬆地理解像是「機器學習」和「AI 模型」這些的數學原理詞彙。

　　這本書介紹了「AI 流程」的三個步驟（收集、訓練、決策），每章節結尾的習題，能讓讀者實際運用新學到的技能。我們希望為這本書所提供的 AI 知識與技能，讓下一代的 AI 原生世代能在日常生活中使用並評估 AI，更重要的是，讓他們能質疑 AI 的運作原理與應用。

2024 年 10 月 15 日

謝　詞

　　我們衷心感謝所有慷慨支持我們出書、讓我們夢想成真的朋友：威廉與瑪麗學院（W&M）提供「無薪／低薪學習經驗（F.U.S.E.）獎學金」，資助 Danielle 和 Alisa 以暑期實習的形式參與「人工與自然智慧教育（AANIE）」基金會的運作。AANIE 是由鍾博士創立的非營利組織，支持她在 W&M 教學外的教育活動。最重要的是，有了一群信任並熱情支持我們 Kickstarter 專案的朋友，讓這本書得以完成。為了感激這些支持我們第一個 Kickstarter 專案（但未達目標）贊助者、與對我們書籍初稿提供寶貴意見的朋友，他們的名字都成為這本書中角色的名字。

　　我們也特別感謝 Dr. Linh Phung、胡昌亞教授、吳庭毓與呂子芸給予我們的寶貴建議和協助。我們還要特別感謝以下這些支持者，讓我們第二個 Kickstarter 專案達成目標，讓這本書能在美國成功出版：

Shawn	David	Lilian	Przemek	鳳柳	波勇
Abdullah	Dawn	Lily	Rocky	劉經理	燕芳
Abi	Eleanor	Linh	Saskia	小吳	玉濤
Amy	Janelle	Lynn	Shannon	常青	玉榮
Amy	Jed	Marianne	Steven	慶勇	米思瑞
Angel	Jennifer	Meggie	Tamara	建燁	縛鵬
Argach	Jes	Michael	TD	星星	良萍
Arturo	Jessica	MJ	親愛的西貓	曉梅	榮鳳
Augie	Kathy	Owen	俊麗	晶晶	連銘
Chinchi	Kira	Pratyush	兵圓	朝霞	金菊

最重要的是，我們要特別感謝具有遠見的科學家，例如：2024 年諾貝爾獎得主 John Hopfield 和 Geoffrey Hinton，他們發明的 AI 模型科學基礎，就是我們在《AI 魔法盒》一書中，試著解釋和呈現的基礎原理。

「這本書透過一對兄妹向身為數據科學家的母親學習的有趣故事，介紹 AI 的核心概念，如：訓練、權重和監督式學習。作為一名發展心理學家，我發現這種結合故事、插圖和練習的方式，讓 AI 變得不再令人卻步，更加親切有趣，特別適合年輕讀者。」

—— 丹佛大學大腦、人工智慧與兒童研究中心主任 Pilyoung Kim 博士

《AI 魔法盒》是一本引人入勝的工具書，適合年輕讀者和初學者。它為人工智慧教育提供了扎實的基礎，也是程式設計和人工智慧入門課程的極佳教材。書中角色為了領養低致敏狗狗所展開的旅程，使學習分類演算法和模型訓練等複雜的 AI 主題變得更具實用性和趣味性，同時保持科學的準確性。」

—— 喬治亞格威內特學院資訊科技副教授 Hyesung Park 博士

《AI 魔法盒》滿足了教師的需求，提供了一本可在無電腦環境下使用的紙本教材，內容也符合英語語言藝術（ELA）和資訊文本相關標準。本書以貼近日常的方式呈現 AI 理論，幫助讀者解開許多這個最新科技背後「魔法盒」的奧祕。」

—— Mark Cuban 基金會首席學習長 Charlotte Dungan

目 錄

推薦序：打開 AI 的魔法盒，
　　　　陪孩子探索未來的世界 III

前言 V

謝詞 VI

我們想要養小狗狗 1

步驟1：收集 10

　　步驟1：習作 19

步驟2：訓練 29

　　步驟2：習作 48

步驟3：決策 55

　　步驟3：習作 61

我們有小狗狗了！ 66

　　挑戰：習作 69

詞彙 85

解答 91

　　挑戰項目 101

關於作者 106

我們想要養小狗狗

1-01

下週，康康要過 14 歲生日了，他 9 歲的妹妹娜娜有個瘋狂的點子。

「康康，你知道今年該跟媽媽要什麼生日禮物嗎？」娜娜問。

「什麼？」康康回答。

「一隻狗狗！我們一直想養狗狗！」

娜娜說得沒錯。從小到大，康康都想養狗。當娜娜出生時，康康馬上就知道她也是一個愛狗的人。

但不幸的是，媽媽幾乎對所有東西都過敏。不能有毛、不能有羽毛、也不能有鱗片。這代表他們不能養狗、不能養倉鼠、不能養貓、不能養老鼠、不能養鸚鵡，甚至連一隻金魚都不行！

康康想起最近曾讀到：「有些狗不容易讓人過敏（低致敏狗狗）」。這表示就算經常過敏的人，也可以養這種狗。（註：為方便讀者了解，本書將較低程度會引致人們過敏的狗狗，用「低致敏」來說明。）

媽媽在廚房聽到了這些對話，對他們說：「爸爸和我對你們今年的表現感到很驕傲，我很願意和你們一起研究並領養一隻低致敏的狗狗！」

康康和娜娜開心地歡呼！

「但是……！」媽媽打斷了他們，「讓我們把這變成一個挑戰吧。」

康康問：「什麼樣的挑戰？」。媽媽總是這樣，而且她的挑戰通常都很難。

「你們知道我是一名數據科學家，每天都在跟人工智慧（AI）打交道。」康康和娜娜都知道，這也是為什麼媽媽提出來的挑戰總是好難。她接著說：「我一直希望你們多了解一些 AI，特別是你們現在又長大了一些。」

「什麼是 AI？」娜娜問道。

媽媽解釋道：「AI 是人工智慧（artificial intelligence）的縮寫，是一個非常強大、正在改變整個世界的工具。」

> **詞彙說明**
>
> **人工智慧（Artificial Intelligence）**，**簡稱 AI**，泛指科學家設計出的一群電腦程式，而這些程式能模仿**自然智慧（natural intelligence）**所產生的行為。

媽媽說：「我想教你們有關 AI 的知識，然後你們就可以用它來找到最適合我們家的小狗！」

娜娜說：「但我根本不懂 AI 是什麼啊……AI 長什麼樣子呢？能作什麼？」

媽媽很開心地說：「我們去圖書館吧，可以從那裡開始找答案！」

康康、娜娜和媽媽去圖書館，要研究不同品種的低致敏狗狗。

媽媽說：「圖書館裡有一台很酷的新機器，它叫作魔法盒。我覺得魔法盒可以幫我們找到適合的狗狗。」

「它為什麼神奇？」

媽媽笑著說：「它就是數學非常、非常、非常厲害！」對媽媽來說，擅長數學，大概就和真正的魔法沒什麼兩樣。

「哦，天啊！」娜娜驚呼道。她不太喜歡數學課，這聽起來超難的。「數學很厲害，到底有什麼特別的？」

媽媽微笑著說：「身為一名數據科學家，我每天都用數學來回答一些非常重要的問題。為了做到這一點，我會和人工智慧（AI）合作，讓我和我的團隊能作出令人驚嘆的事情，比如：創造新的方式來治療疾病，讓汽車可以自動駕駛，以及找到新的方法來解決非常複雜的問題。」

康康點點頭，他讀過網路上有關 AI 的資訊。「我看過講這個主題的影片。而且我學校的數學老師還鼓勵我朋友艾瑞克想一些跟 AI 有關的專案。」

「沒錯！」媽媽說。「這就是重點。AI 特別的地方，在於它可以自己學習。它很聰明！」

娜娜嗤之以鼻。「我也很聰明！」她大聲說，她還不太相信這些數學魔法或這個奇怪的小裝置有多麼厲害。

「妳當然很聰明！」媽媽說。「爸爸和我都非常為妳感到驕傲。聰明並不是指妳知道多少事，而是指妳有學習能力，並且隨著時間愈來愈好。」

康康開始領悟到重點了。「就像我們認識各種品種的狗狗一樣。」

1-02

媽媽露出燦爛的笑容說:「完全正確。今天我們要請魔法盒幫忙找出低致敏狗狗,好讓我們帶牠回家。」

娜娜還是有點懷疑:「但 AI 怎麼可能幫我們做到這件事呢?」

媽媽環顧四周,然後轉向路口標誌。她說:「啊!有了!假裝 2 歲的小表妹蘇菲亞來找你們玩。蘇菲亞還不太了解汽車,但她很聰明,可以向你們學習。請你們看一下在我們周圍馬路上的交通工具,然後向蘇菲亞解釋那些交通工具是不是汽車。」

一輛小白車沿著街道駛過。康康馬上說:「那是一輛汽車」,並且加上一句:「是白色的。」

接著,一輛灰色的休旅車(SUV)開到路口標誌前,康康說道:「那也是汽車,是灰色的,比那輛白車大。」

對街鄰居的藍色轎車從車道駛出。「那也是一輛汽車。是藍色的,而且載了人。」

1-03

不久後,一輛紅色敞篷車快速駛過。「那也是一輛汽車,但沒有車頂,而且只有兩扇門。」

康康和娜娜輪流描述每輛進入他們視線中的汽車。「它是棕色的、很大、有四個輪子。前面的燈光讓它看起來很兇!」娜娜一邊描述,一邊隨著汽車快速駛過,笑個不停。

我們想要養小狗狗

「人們坐進汽車裡，就可以從一個地方到另一個地方，」康康假裝在對蘇菲亞說話。「妳知道嗎？這就是爲什麼人類製造汽車的原因。」

一陣轟隆隆的聲音從街上傳來，那是一輛大皮卡。康康以前見過有人用這種車來運送大東西，比如樹木或家具。「那也是汽車！」娜娜說。

康康不太確定，一邊提問、一邊解釋，「它的名字不一樣，叫皮卡。它看起來和一般的汽車差很多。它和汽車一樣都是交通工具，但皮卡的用途和汽車不一樣。」

1-04

當媽媽、康康和娜娜慢慢開到圖書館時，這對兄妹變得非常擅長解釋各種交通工具的差異。他們發現具備某些特徵的交通工具會被稱為汽車，其他的則不會。例如：汽車不是卡車，汽車不是皮卡，汽車也不是摩托車。火車、公車，甚至船隻，都是能運送人們或東西的交通工具，但它們並不是汽車。

汽車也有許多不同的款式。汽車可以是任何顏色；可以有兩扇門、四扇門，甚至五扇門（像是休旅車）。它可以很吵，也可以很安靜（像是電動車）。它的車頭燈可以看起來兇巴巴、有趣，甚至友善。汽車可以坐一個人、兩個人、四個人，甚至一次坐下七個人。換句話說，汽車由許多不同的**特徵（feature）**所組成。

媽媽引導兄妹倆自己看出這些特徵,並教他們在腦海中將這些特徵組合起來,好來描述一輛汽車。這些特徵組合讓他們在看到新的交通工具時,可以分類並判斷哪些交通工具是汽車,哪些不是汽車。

1-05

　　在他們都準備好之後,媽媽帶著兄妹倆沿著圖書館走廊去尋找魔法盒。

　　「它在這裡!」媽媽好開心。康康和娜娜跟著媽媽走進圖書館裡的一個別的房間。

房間裡的牆空空如也，但中間有一張大木桌，旁邊還有幾張椅子。媽媽坐在其中一張椅子上，而在她對面的桌子上，有一個橘色的盒子。它正面有一個大螢幕，而螢幕上有張很開心的笑臉。

　　「嗨，大家好！」盒子說道。康康和娜娜都覺得這個盒子看起來怪怪的。它的左邊有幾條歪歪扭扭的管子，就像瘦長的手臂一樣，右邊連著一個螢幕，上面寫著：「我是魔法盒。」

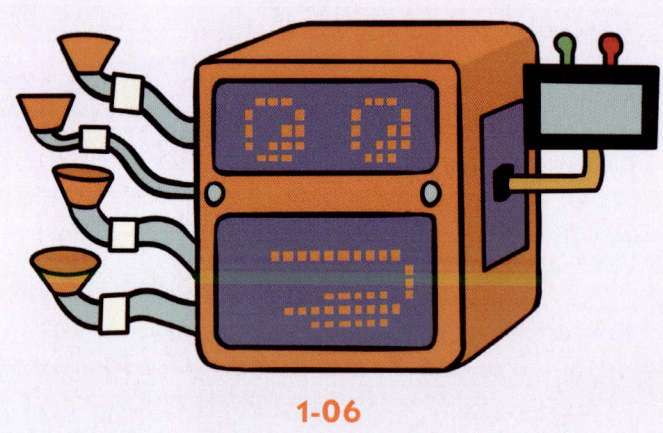

1-06

　　「很高興又見到你。」媽媽說。「他們是我的小孩，康康和娜娜。」

　　魔法盒轉動它的眼睛，看著兄妹倆。「很高興認識你們。我今天能幫你們什麼忙？」

　　「我們想找一隻低致敏的狗狗給康康當生日禮物，媽媽說我們可以訓練你，讓你能幫我們這個忙。」娜娜說。

　　「當然可以！」魔法盒愉快地說。「你們訓練我，我就能找到你們要的新狗狗！」

　　媽媽說：「魔法盒的運作方式很簡單。首先，要把像汽車這樣複雜的東西拆解成一個一個小的資料，就像你們教蘇菲亞判斷哪些交通工具是汽車、哪些不是。若我們正確地訓練魔法盒，它就能學會分辨不同品種的狗。這樣，我們就能知道哪些狗狗是低致敏的。」

當康康和娜娜在魔法盒旁的椅子上坐好時，媽媽開始解釋魔法盒的運作原理：「魔法盒會做三件事：**收集（collect）**、**訓練（train）**和**決策（decide）**。我們可以這樣想，我們收集的東西會從魔法盒左邊進去」她指著盒子左邊的「手臂」，「然後這些東西經過魔法盒的訓練，會從另一側出來。進入魔法盒的東西是我們收集的**資料（data）**。**資料**會通過魔法盒的「扭扭臂」進去，而**決策**會從右邊出來。只有當魔法盒肚子裡的**訓練過程（training）**完成後，決策才會出來。」

> **詞彙說明**
>
> **魔法盒**是科學家所說的**人工神經元（artificial neuron）**。**人工神經元**是構成人工神經網路（**artificial neural network**）的基本單位。人工神經網路是一種人工智慧（**AI**），通常被稱為**深度學習（deep learning）**。

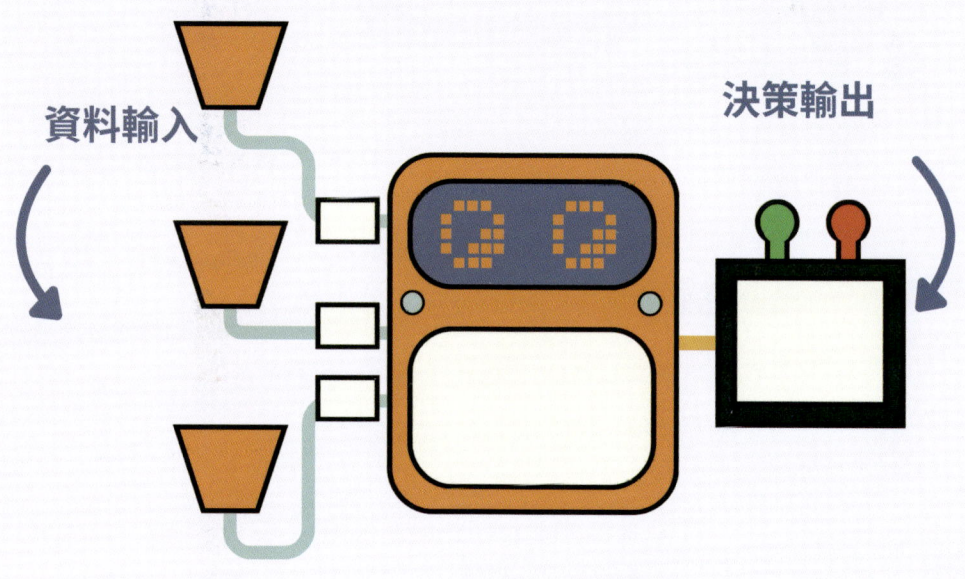

1-07

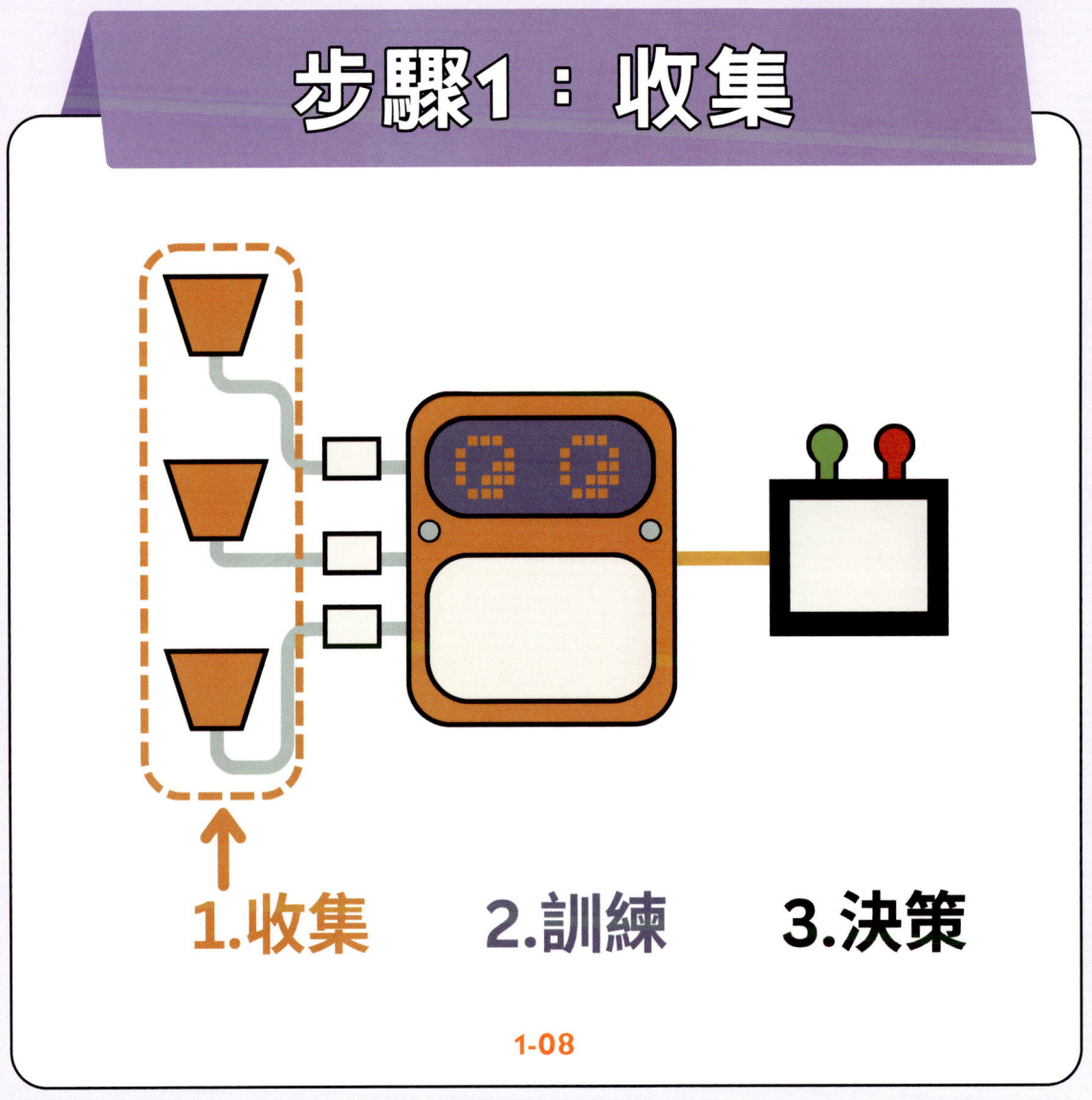

1-08

　　娜娜和康康不太確定魔法盒的「肚子」裡會發生什麼事。「我們需要餵魔法盒吃東西嗎？」娜娜好奇地問。

　　「我們需要先收集資料。資料是我們想要魔法盒學習的相關資訊」媽媽解釋道。「當你描述交通工具不同的特徵時，這些特徵就可以作為訓練魔法盒子的資料。」

媽媽繼續說：「特徵是我們用來分辨或測量某事物（如：一輛車或一隻小狗）的屬性。」康康與娜娜在圖書館翻閱不同的圖畫書，還有與狗狗相關的網站，並開始**收集**許多有關狗狗的特徵，例如：

- 大小（小型、中型、大型）
- 身高（6 英吋、10 英吋、25 英吋）
- 毛皮觸感（光滑、粗硬）
- 鼻口形狀（長型、短型）
- 毛髮長度（短毛、中毛、長毛）
- 毛髮顏色（黑色、棕色、白色等）
- 耳朵（立耳、垂耳）
- 尾巴長度（短、中、長）
- 活力程度（低、中、高）
- 友善程度（低、中、高）
- 可訓練性（容易、適中、困難）
- 是否適合與小孩相處（是、否）
- 壽命（短、中、長）

當康康與娜娜瀏覽狗狗圖片時，他們又列出了一些最受歡迎的狗狗品種。康康還用不同的顏色標註哪些狗的品種是低致敏的：

- 吉娃娃（Chihuahua）
- 梗犬（Terrier）
- 巴哥犬（Pug）
- 大麥町（Dalmatian）

步驟 1：收集

- 黃金獵犬（Golden Retriever）
- 德國牧羊犬（German Shepherd）
- 灰狗（Greyhound）

「看來我們得找一隻梗犬！」媽媽說。「如果狗的品種是梗犬，那麼牠就是低致敏的。如果是這個清單上的其他品種的狗，那我們就不能帶回家。」

康康和娜娜繼續查看狗狗的圖片，慢慢學習如何根據他們已經寫下的特徵來辨識那隻狗是不是梗犬。

以下是他們寫下的梗犬特徵：

- 大小：小型，身高約 10 英吋
- 毛皮觸感：粗硬
- 鼻口形狀：長型
- 毛髮長度：長毛，毛髮捲曲
- 毛髮顏色：黑色、白色或灰色
- 耳朵形狀：立耳
- 尾巴長度：中等長度
- 活力程度：精力充沛，喜歡玩耍，樂於參與人類活動
- 友善程度：非常友善且善於社交，是孩子和成人的絕佳伴侶
- 可訓練性：非常聰明且容易訓練
- 適合與小孩相處：十分有耐心，且非常喜愛與人互動
- 壽命：壽命較長，平均 12～15 年，是長期家庭寵物的好選擇

每當他們看到新的狗狗圖片，康康都會問娜娜這個問題：「牠是梗犬嗎？」娜娜會回答「是」或「不是」。娜娜的回答是一種猜測，有時候娜娜猜對了，有時候也會猜錯。

媽媽說：「你希望娜娜或魔法盒學會的正確答案叫做『**標註（label）**』。」

康康和娜娜學到，**資料**就是對事物的紀錄。在這個例子中，**特徵**是魔法盒需要學習關於狗狗的一些特定資料。而是不是梗犬這個正確答案是**標註**，也是一種資料。

「等一下！」娜娜說。「我們怎麼知道什麼東西是不是資料？感覺資料無所不在。」

「娜娜妳說對了！」媽媽點頭說。「資料無所不在。我們不但可以記錄狗狗的資料，還可以記錄人類的資料、我們周圍發生的人、事、物，甚至是我們最喜歡的運動！」

以下舉例說明康康和娜娜從他們日常生活中發現的資料：

- 娜娜每天走的步數
- 康康最愛的 YouTube 頻道的訂閱人數
- 娜娜每位朋友最喜歡的甜點
- 康康和娜娜一家人居住的城市一整年的氣溫
- 他們最喜歡的足球隊是否贏球

「所以，資料可以是任何東西？」康康感到難以置信地問。

媽媽點頭說：「任何東西、任何形式。它可以是數字或測量值，也可以是日期、文字、圖片、聲音，甚至是影片。」

「而且我們通常會把資料整理成**資料表（data table）**。」媽媽接著說，「因為當資料整齊地排列在**直行（column）**和**橫列（row）**中時，我

們就能更容易地理解資料。」媽媽畫了一張小草圖向康康和娜娜說明她的意思。

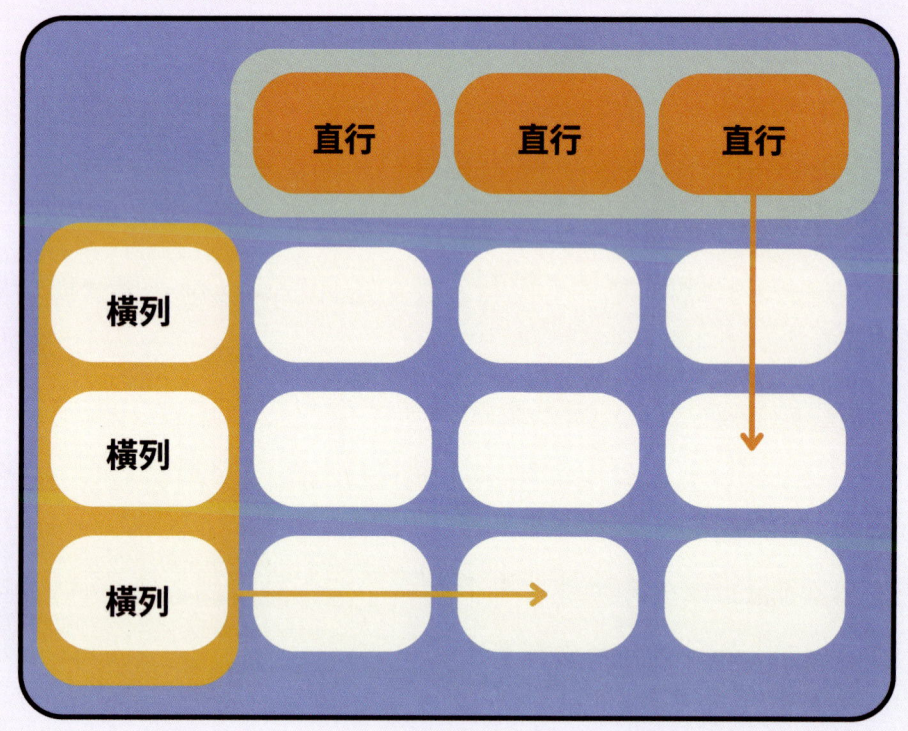

1-09

「但要把我們所有的特徵作成一個表格，會花超多時間！」娜娜抱怨道。

她說的沒錯：康康和娜娜真的得花很長的時間才能完成這件事。為了讓事情簡單點，這對兄妹決定挑選三個他們認為最重要的特徵：

- 身高（以英吋計）
- 耳朵（立耳或垂耳）
- 皮毛（是否光滑）

以下是康康和娜娜可以用來記錄狗狗的資料表：

	身高（以英吋計）	是否為立耳	皮毛是否光滑	是否為梗犬
1	6	立耳	是	否
2	10	立耳	否	是
3	12	垂耳	是	否
4	15	垂耳	否	否
5	22	垂耳	是	否

1-10

每一橫列儲存一筆資料紀錄（例如：一隻狗）。每一直行儲存一筆資料的特徵或目標。

這張資料表格，包含：

- 5 個**橫列**（或 5 筆**紀錄**）（狗1、狗2、狗3、狗4、狗5）
- 3 個**直行**（或 3 個**特徵**）（身高、耳朵、皮毛光滑）
- 1 個**目標**：我們用一個直行來表示正確的**標註**，也就是這隻狗是否為梗犬（「是」或「否」）

媽媽說：「雖然魔法盒非常聰明，但它最愛的是數字，而不是文字。」「魔法盒更像是一個非常擅長數學運算的巨大計算機。魔法盒不識字，而是用數字來完成所有的任務。」

當兄妹倆表現出困惑的表情時，媽媽接著解釋說：「我們可以這樣想。當我們資料是用文字表示時，比如『是』或『不是』，

> **詞彙說明**
>
> **重新編碼**（**recode**）是指將文字轉換為數字 0 和 1 的任務，好讓人工智慧模型可以進行使用這些資料來做算術。人工智慧科學家將重新編碼稱為「**獨熱編碼**」（**one-hot encoding**）或「**虛擬變數編碼**」（**dummy coding**）。

可以怎麼處理？你可以每次都寫文字，或者可以簡單地將它們**重新編碼**（**recode**），改成用 1 來代表『是』，用 0 來代表『不是』。我們也可以把資料表中『是否是梗犬？』那個目標直行中的標籤重新編成數字，讓它變成 1 和 0，而不是『是』和『不是』。」

讓我們幫這三個特徵取短名：

- **身高**代表「身高幾英吋」
- **耳朵**代表「是否為立耳」
- **光滑**代表「皮毛是否光滑」

我們也給「是否是梗犬」這個目標直行取一個短名，叫做「**梗犬**」。這些短名能讓我們更容易地閱讀和記憶。

身高：我們用數字記錄狗狗的身高是多少英吋。

耳朵：我們用數字 0 或 1 來表示，0 代表垂耳，1 代表立耳。

光滑：我們用數字 0 或 1 來表示，0 代表皮毛不光滑，1 代表皮毛光滑。

梗犬：我們同樣用數字 0 或 1 來表示，0 代表不是梗犬，1 代表是梗犬。

為了方便閱讀時記得這些 0 和 1 數字所代表的意義，康康和娜娜在表格下方加上了一些註示。

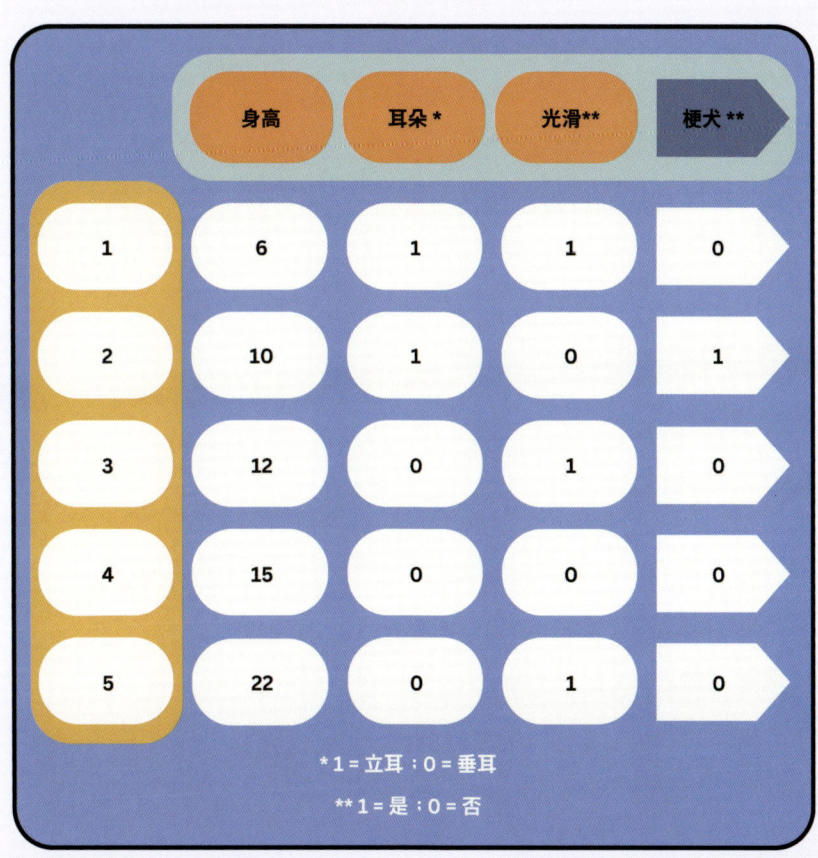

1-11

步驟 1：收集　17

「所以，我們學到了什麼呢？」媽媽興奮地問。康康和娜娜看起來有點還搞不太清楚狀況，但康康還是試著回答：「我們學會如何建立有橫列和直行的資料表。還有怎麼將文字轉換成魔法盒喜歡的數字！」

媽媽說：「答對啦！這些都是**資料收集**（data collection）過程需要完成的步驟。這樣我們才可以進一步訓練魔法盒，學習辨別狗狗！」

步驟 1 習作

詞彙牆：請用你自己的話，介紹以下的 AI 專有名詞（術語）：

術語	說明
直行 (Column)	
資料收集 (Collection)	
資料 (Data)	
資料表 (Data Table)	
特徵 (Feature)	
標註 (Label)	
重新編碼 (Recode)	
橫列 (Row)	
目標 (Target)	

2-01

1. 康康和娜娜建立了一個資料表來記錄家人最喜歡的冰淇淋口味：

2-02

以下是這個資料表的一些重要元素：

A. 這個資料表有 _____ 條紀錄。

B. 這個資料表有 _____ 個特徵。

C. 如果娜娜想把她的朋友史蒂芬妮加入表中，她需要加入一個 _____。

☐ 橫列

☐ 直行

D. 如果康康想要記錄每個人最愛的冰淇淋配料，他需要加入一個 _____。

☐ 橫列

☐ 直行

E. 請幫康康和娜娜將口味（1＝香草，0＝巧克力）和頭髮（1＝長，0＝短）這兩個特徵重新編碼，讓它們變成魔法盒喜歡的數字。並請完成表格底部的註解。

家庭成員	年齡	頭髮*	口味**
媽媽	41	0	1
爸爸			
娜娜			
康康			

*1 = _____ ; 0 = _____
**1 = _____ ; 0 = _____

2-03

2. 康康和娜娜建立了一個資料表來記錄他們社區中的不同車輛類型。

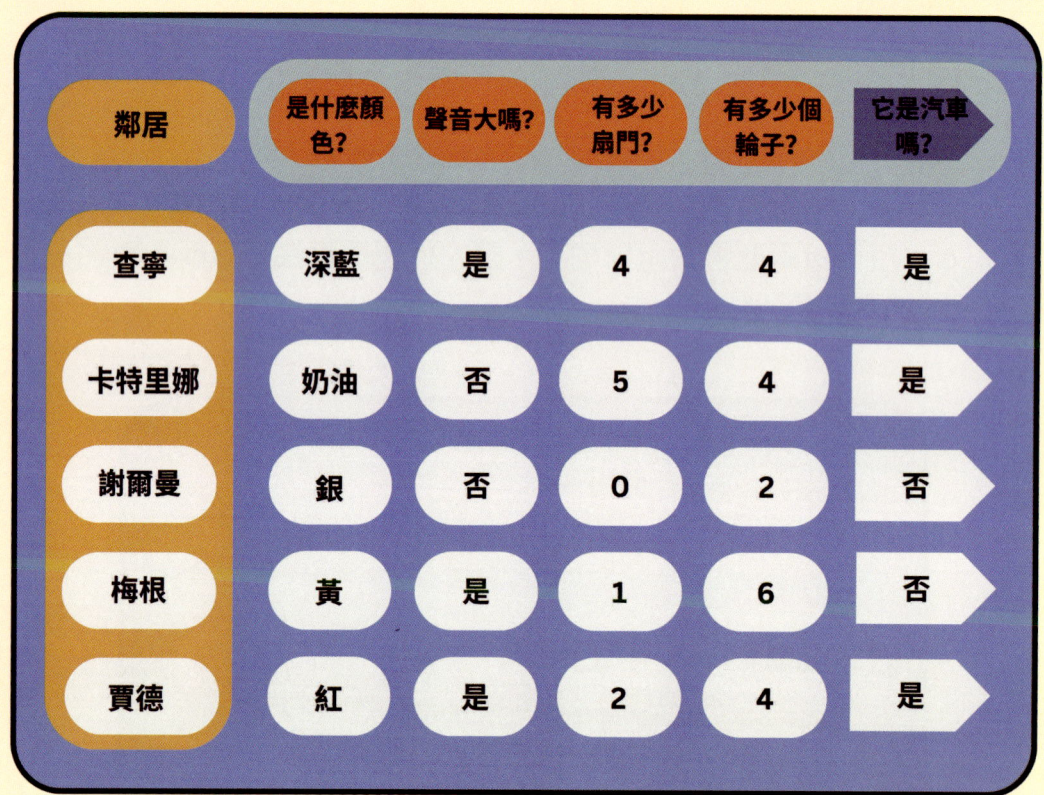

2-04

讓我們重新編碼查寧的紀錄，以做為範例：

- 「**聲音大嗎？**」這個問題，如果是安靜，我們把它記為 0；如果是聲音大，記為 1。我們幫查寧記為 1（聲音大）。

- 「**有多少扇門？**」這個問題，告訴魔法盒這輛車有幾個門。我們幫查寧記為 4。

- 「**有多少個輪子？**」這個問題，告訴魔法盒這輛車有幾個車輪。在此例子中，我們也把它記為 4。

- 「它是汽車嗎？」這個問題，如果不是（不是一輛汽車），我們把它記為 0；如果是（是一輛汽車），記為 1。我們幫查寧記為 1（是一輛汽車）。

現在，請使用這種編碼方法，在下方資料表中空白處，填入魔法盒偏好的數字。

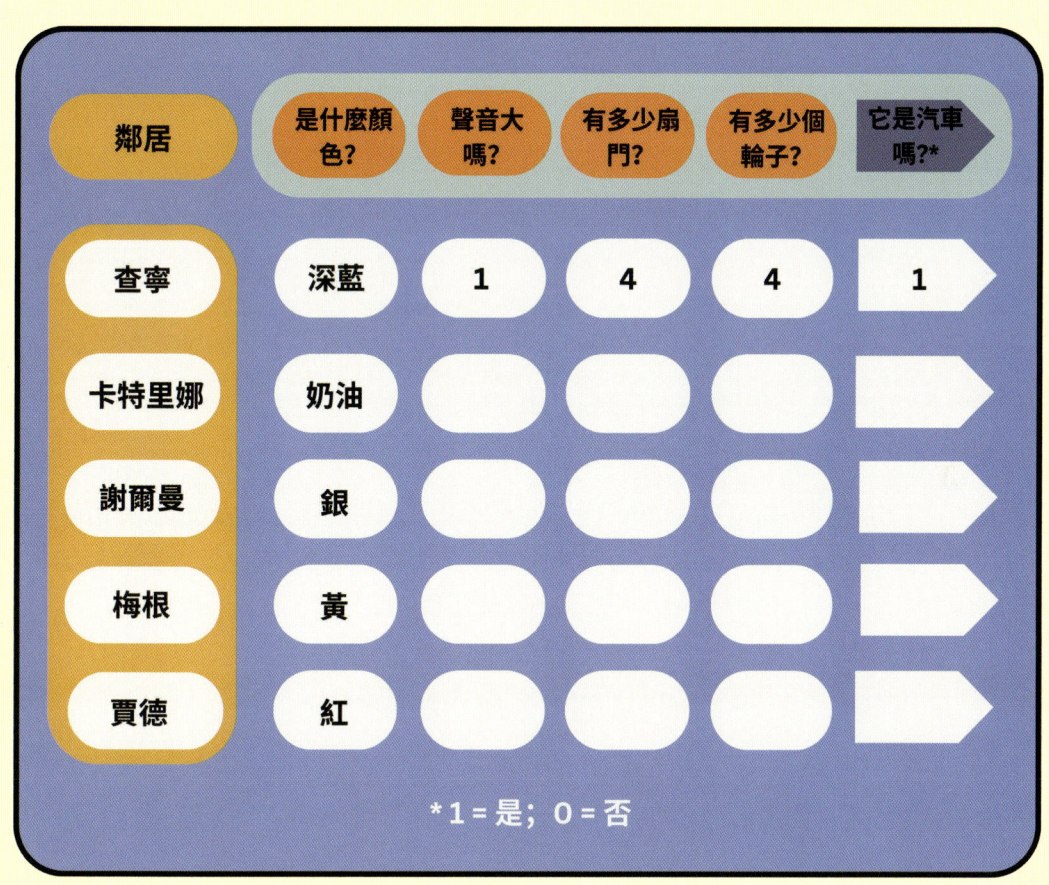

2-05

現在，我們已經完成重新編碼，讓我們再次查看此表並回答以下問題：

A. 以下哪個直行是這個資料表的「目標」？

- 是什麼顏色？
- 聲音大嗎？
- 有多少扇門？
- 有多少個輪子？
- 它是汽車嗎？

B. 請用一個簡短的名詞為這些特徵和目標取短名。

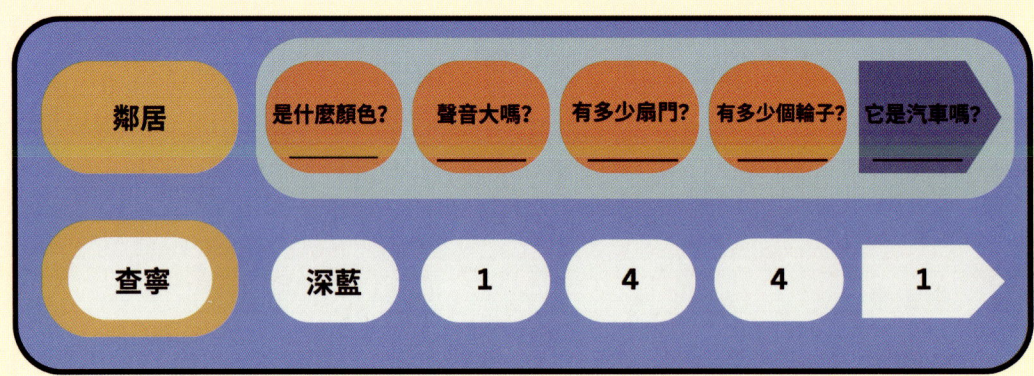

2-06

C. 請列出至少兩個康康和娜娜可以用來記錄車輛的其他特徵。

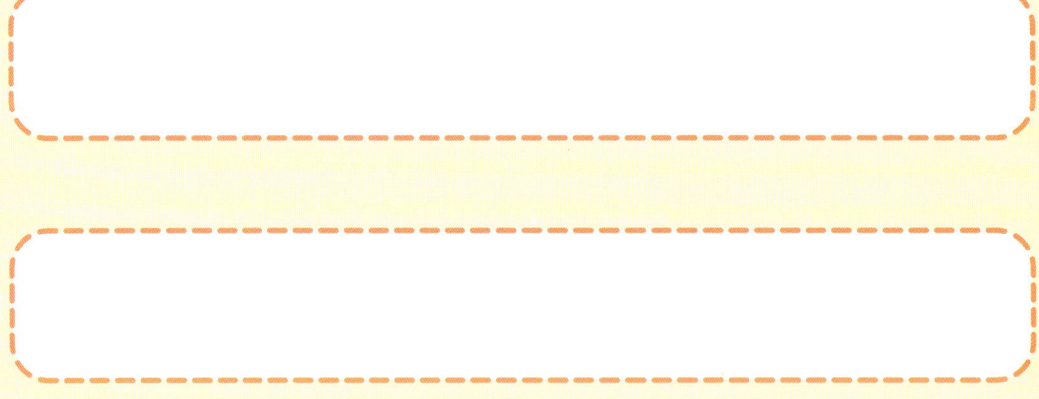

現在，我們來算點數學吧！

D. 如果康康在資料表中添加四個特徵，他將總共有 ____ 的特徵。

☐ 9 個橫列

☐ 9 個直行

☐ 8 個直行

☐ 4 個橫列

E. 如果康康增加五位鄰居車輛資料的紀錄，他將總共有 ____ 的紀錄。

☐ 10 個橫列

☐ 10 個直行

☐ 5 個橫列和 5 個直行

3. **挑戰**：在下頁表 2-07 中，我們增加了一個空白列和一個空白行。請幫康康和娜娜完成這張表！

A. 在資料表中新增一項特徵，讓康康和娜娜記錄車輛的車燈是否「搞笑」。記得要重新編碼成魔法盒喜歡的數字（「車燈搞笑嗎？」1 ＝是，0 ＝否）。你覺得康康應該將這個新特徵添加到表中的空白列還是空白行呢？

B. 娜娜注意到查寧、謝爾曼和梅根的車燈屬於不搞笑的，而卡特里娜和賈德的車輛車燈是搞笑的！請幫助娜娜把資料表填寫完整。記得重新編碼！

C. 茉莉娜是新搬來的鄰居，她有一輛聲音很大的卡車，顏色是彩虹色，有 3 扇門、8 個輪子，並且有著搞笑的車燈。請將茉莉娜的卡車加到資料表中。

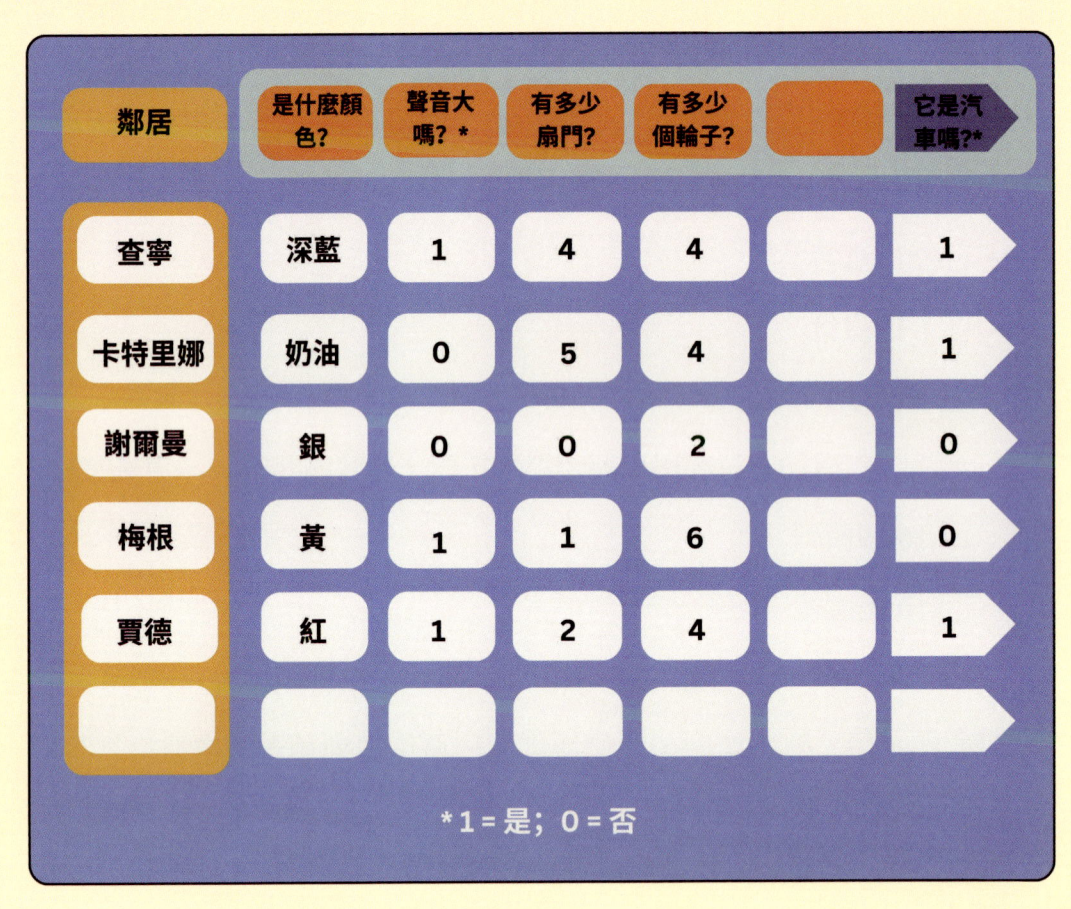

鄰居	是什麼顏色?	聲音大嗎?*	有多少扇門?	有多少個輪子?		它是汽車嗎?*
查寧	深藍	1	4	4		1
卡特里娜	奶油	0	5	4		1
謝爾曼	銀	0	0	2		0
梅根	黃	1	1	6		0
賈德	紅	1	2	4		1

*1 = 是；0 = 否

2-07

4. 康康要幫他朋友艾比的狗狗拉夫策劃一場生日派對。請幫康康建立一個資料表來記錄 7 位狗狗來賓的三個特徵。

   A. 該資料表應有 ____ 橫列和 ____ 直行。

   B. 請寫下康康應記錄的第一個特徵：

C. 請寫下康康應記錄的第二個特徵：

[   ]

D. 請寫下康康應記錄的第三個特徵：

[   ]

E. 康康和艾比希望能猜出每隻狗狗最喜歡的玩具是球還是繩子。這會是一個：
   - ☐ 目標
   - ☐ 特徵
   - ☐ 紀錄

F. 請使用下面提供的空白範本，為康康和艾比創建自己的資料表。你不一定需要使用所有的橫列和直行，但請記住，最後一直行要用來給目標標註用。

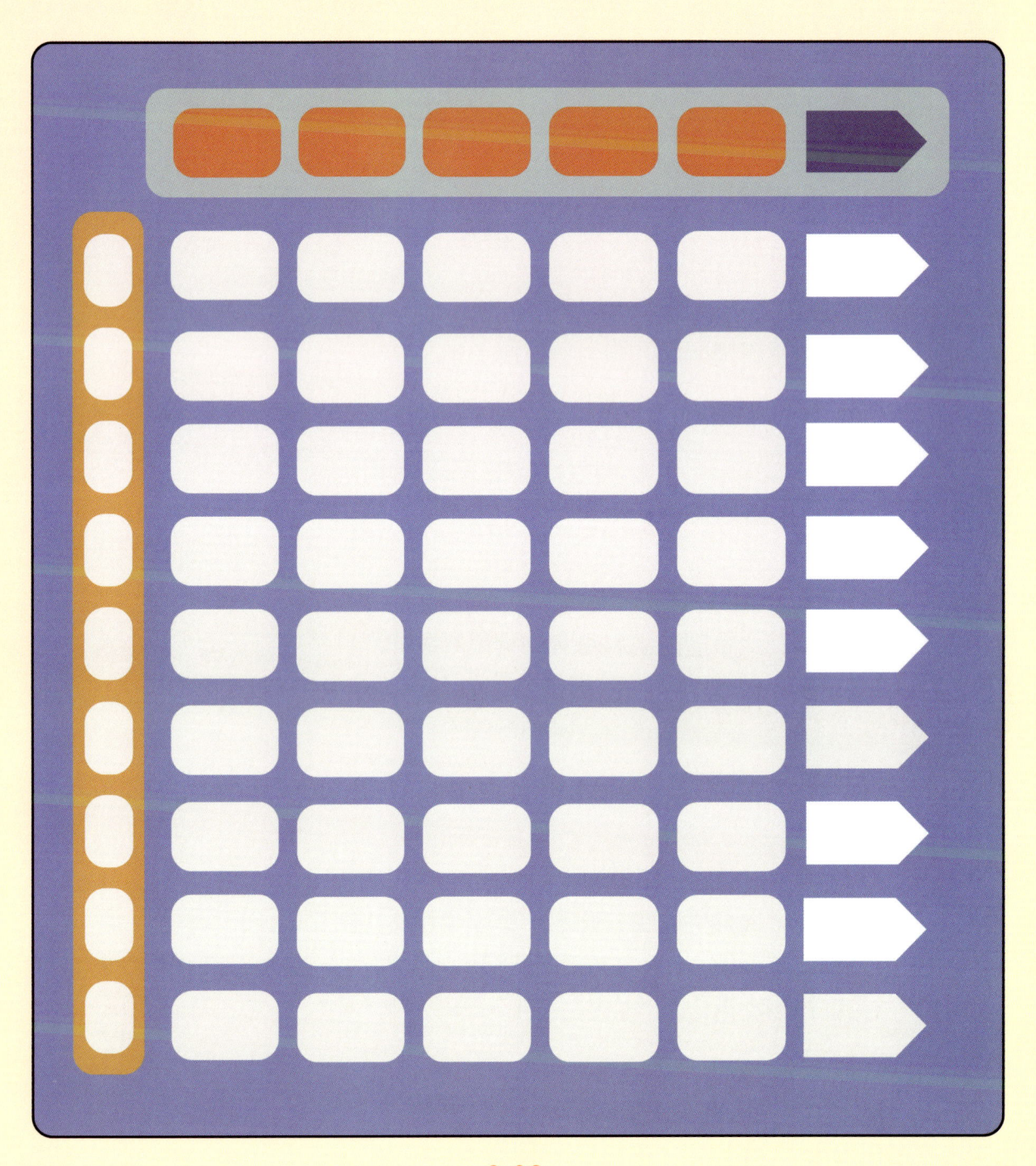

2-08

步驟2：訓練

3-01

既然康康和娜娜完成了他們的資料表，該把資料餵給魔法盒了。

「嗯，我超愛資料表！」魔法盒說。「一橫列、一橫列地餵我資料吃，我就可以開始學習了！！！」

康康和娜娜感到困惑：「等等，所以……你真的是吃……資料列嗎？」

媽媽說：「嗯，可以這麼說。我們是讓魔法盒子一次看一橫列的資料，慢慢學習。還記得你們怎麼學會騎腳踏車嗎？」媽媽問道。

「記得！」娜娜說。「我一直摔倒，最後還哭了！」

「但妳也是變得愈來愈厲害。妳改變了妳踩踏板的方式，調整妳的平衡，也注意到了自己是怎麼摔倒的。」

「這些妳根據錯誤而作出的小小改變，就是妳的學習歷程。」媽媽補充說。「這些改變是妳學會腳踏車這個**訓練**（training）歷程中的關鍵。科學家在設計魔法盒時，他們讓魔法盒被這種類似的經歷所「訓練」。我們利用在步驟 1 整理好的資料表，可以訓練魔法盒去判斷某隻狗狗是否是梗犬。」

完成步驟 1 之後，媽媽開始介紹下一步：步驟 2：訓練。包括四個階段：**計分**（Score）、**猜測**（Guess）、**檢查**（Check Error）、以及**重複**（Repeat）。這四個階段都是在魔法盒的肚子裡執行。

1.收集　　**2.訓練**　　**3.決策**

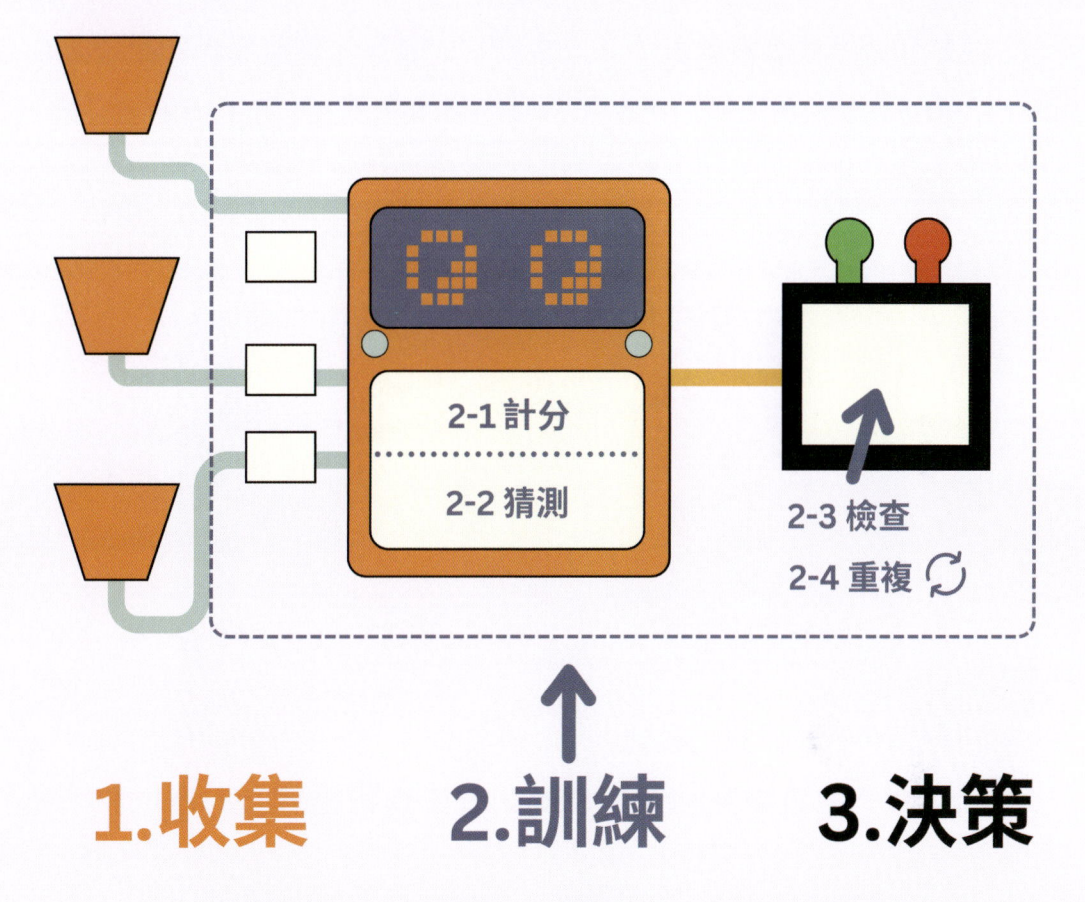

2-1到2-4是<u>步驟2：訓練</u>中發生的不同階段

3-02

📌 **階段2-1：計分（Score）**

「魔法盒為了能猜對狗狗是否是梗犬，它會為每隻狗狗計算一個**分數**。還記得魔法盒最擅長什麼嗎？」媽媽問。

「數學！」娜娜這次比較有熱忱地回答。

「沒錯！」媽媽興奮地說。「魔法盒很擅長處理數字，特別是整理成資料表的數字。一個數學公式就可以幫助魔法盒判斷那隻狗狗是不是梗犬。所以階段 2-1 就是要寫出這個公式，接下來的計算就是魔法盒的工作了」。

步驟2：訓練　31

康康和娜娜看著資料表中某一隻狗狗的資料，然後娜娜開始唸出資料：「這隻狗狗身高 6 吋，耳朵是立耳，皮毛光滑。」

　　「沒錯」媽媽說。「資料表還顯示這隻狗狗不是梗犬。但我們會先讓魔法盒猜一猜可能的答案，然後才告訴魔法盒正確答案是什麼。」

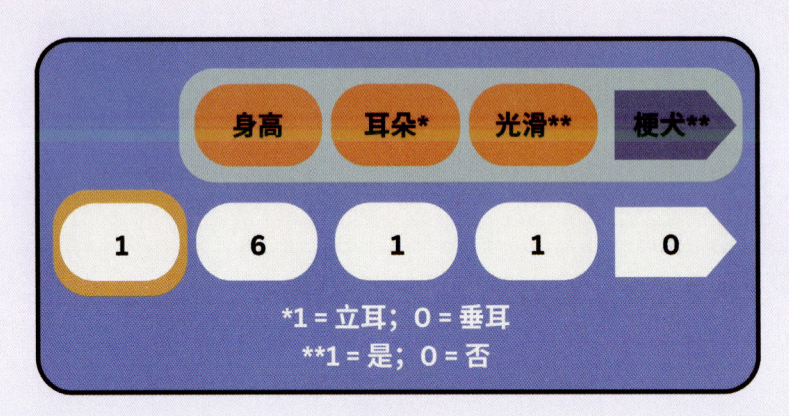

身高　耳朵*　光滑**　梗犬**
1　6　1　1　0

*1 = 立耳；0 = 垂耳
**1 = 是；0 = 否

3-03

　　「讓我們把這隻狗的資料值載入魔法盒扭扭臂上的橘色杯子裡吧！」

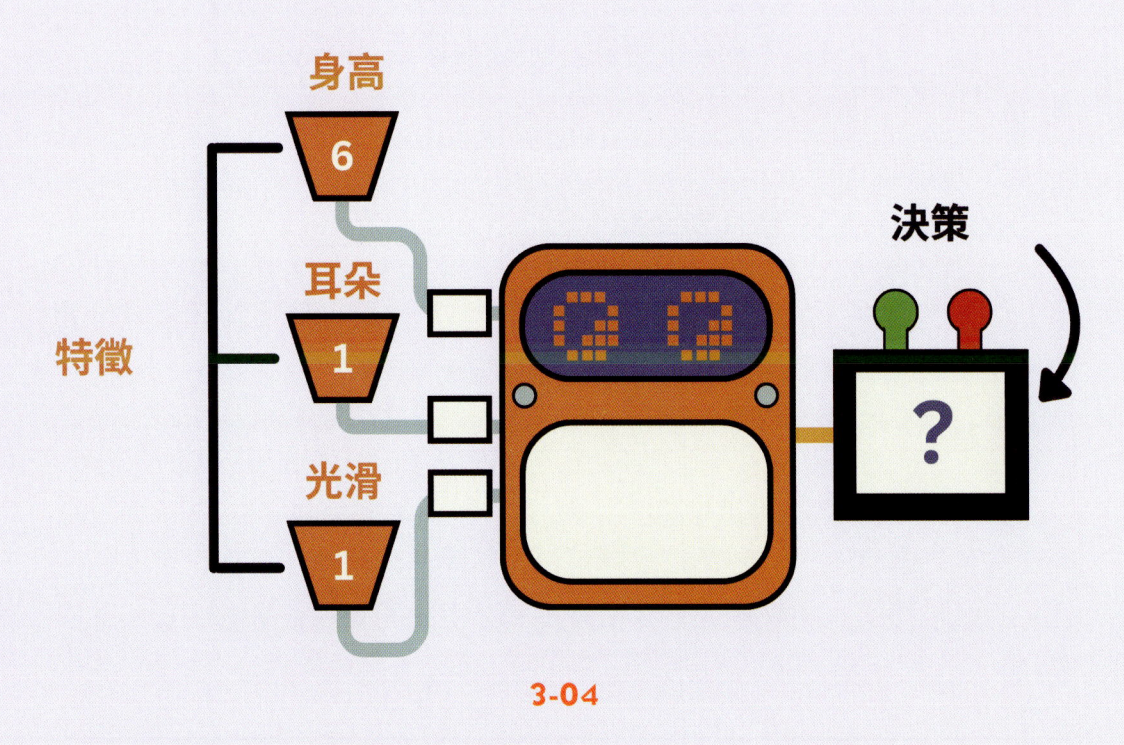

特徵
身高 6
耳朵 1
光滑 1
決策 ?

3-04

「好吧，但魔法盒怎麼決定要用哪個數學公式？」康康插嘴道。「我的數學老師讓我覺得世界上至少有好幾百萬個公式。」

媽媽點點頭說：「我們先想想看，這三個特徵對判斷狗狗是否是梗犬，到底有多重要。如果我們認為**身高**是非常重要的特徵，那我們可以給它很大的**權重**（weight），來表示它非常重要，例如：把身高乘上一個**很大**的數字，像是 **1000**。」

3-05

「我們把這個乘數叫作**權重**。像 1000 這麼的大數字，就像一顆很重的石頭，而一個很小的數字就像一根輕飄飄的羽毛。你可以選擇任何數字來當作權重。」

「但，假如我們認為**身高**其實沒那麼重要。就是我們覺得**身高**沒什麼影響力，那可以讓它乘以一個很小的乘數，例如：**0.000000001**。」

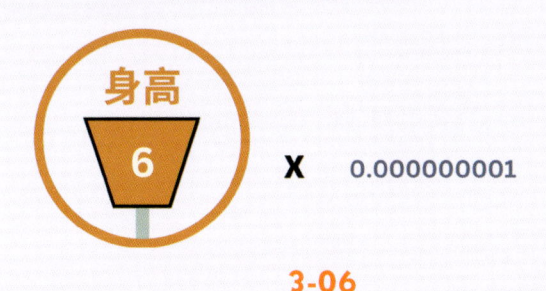

3-06

「如果我們決策時，不考量**身高**這個特徵。那只需要把它乘以零，然後……噗！**身高**這個特徵就會消失了！」

步驟 2：訓練　　33

3-07

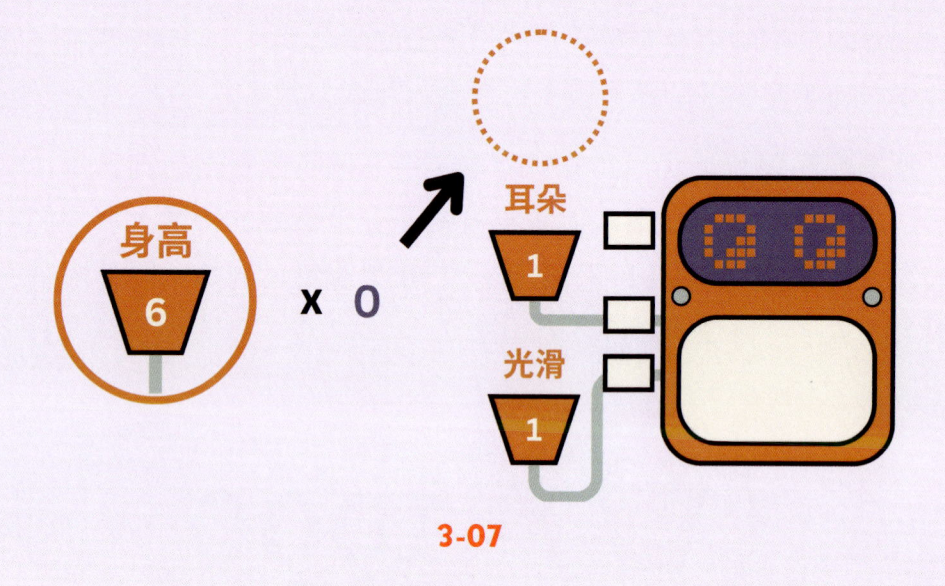

「那……魔法盒把這些權重存在它扭扭臂上的口袋裡嗎？」康康問道。他看到媽媽點頭後露出了笑容。

> **詞彙說明**
>
> **「加權（weighting）」** 是我們決定某個特徵在猜測中有多重要的過程。因為魔法盒的數學超強，用乘法來替特徵加權的作法，非常方便。

3-08

在我們對**身高**特徵加權後，魔法盒會對**耳朵**和**光滑毛髮**這些特徵作同樣的加權處理。接著，魔法盒只需要把這三個加權後的數字統統加起來，就能得到這隻狗的最終計分結果。

「哇！如果我們在魔法盒手臂上的每個權重口袋裡都放入 1000，它會長出大肌肉嗎？」娜娜好奇地問。「如果魔法盒有肌肉的話！」媽媽笑著說。「它能和我一起去健身房！」

如果所有特徵都一樣重要：

「其實，如果我們在魔法盒所有手臂口袋裡都放入 1000，我們就是在告訴它，所有特徵都一樣重要。當三個口袋裡的數字都一樣，比如都是 1000，那它們的權重就一樣大。當我們認為這三個特徵一樣重要時，就會這樣作。讓我們試試看用 1 作為三個特徵的權重。這表示我們將每個特徵都乘以 1，然後把這些數字加起來，這隻狗的計分就是 8。」

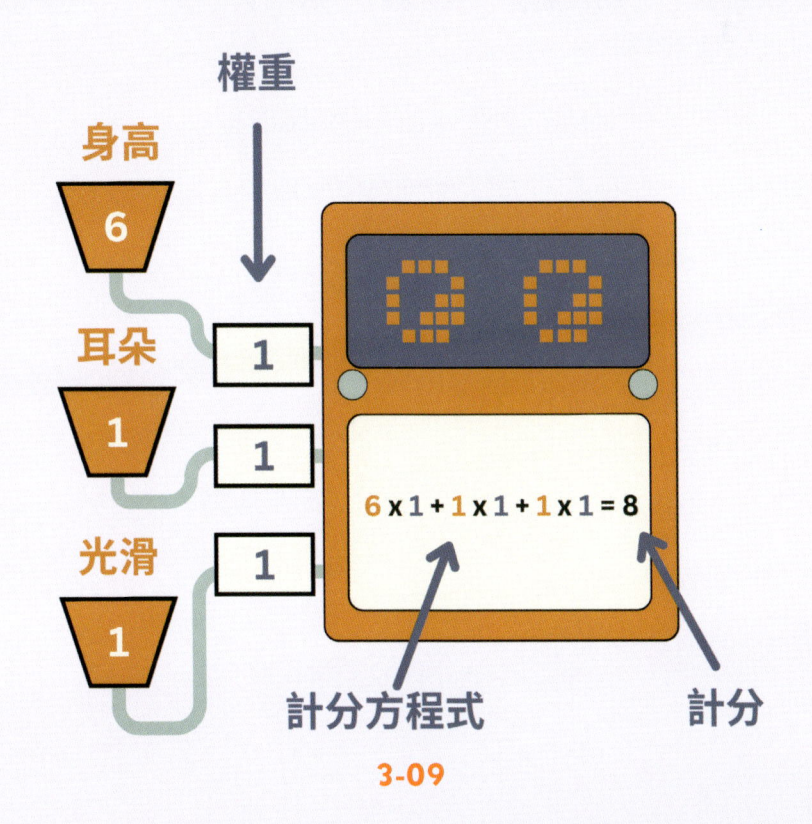

權重

身高 6
耳朵 1
光滑 1

1
1
1

$6 \times 1 + 1 \times 1 + 1 \times 1 = 8$

計分方程式　計分

3-09

步驟2：訓練

「因為我們使用這個數學公式來計分，就叫它**計分方程式**（**scoring equation**）吧。」

「如果你用相同的權重去乘以所有特徵，就表示你要讓所有特徵都一樣重要。」

「我覺得我應該得到最大的權重，因為我是最重要的！」娜娜宣布。

> **詞彙說明**
>
> AI 科學家通常把這個計分方程式的結果稱為「**加權總和**（**weighted sum**）」，因為它是由一組加權數字相加後得到的總和。這個數學公式的結果，可以當作**計分**（**score**）。

康康抗議道：「不，我才比較重要！我想要更大的權重！」

「等等，權重是給魔法盒用的，不是給你們的！你們對我和爸爸來說，都一樣重要！」媽媽說。「娜娜最喜歡的數字是 5，我們就用 5 作為所有特徵的權重吧。」

身高 ×5 ＋ 耳朵 ×5 ＋ 光滑 ×5 （「娜娜模型」）

根據這個計分方程式，這隻狗狗的計分是：

6×5 ＋ 1×5 ＋ 1×5 ＝ 30 ＋ 5 ＋ 5 ＝ 40

請你試試看，完成這張「娜娜模型」圖表中的空格吧！

「娜娜模型」

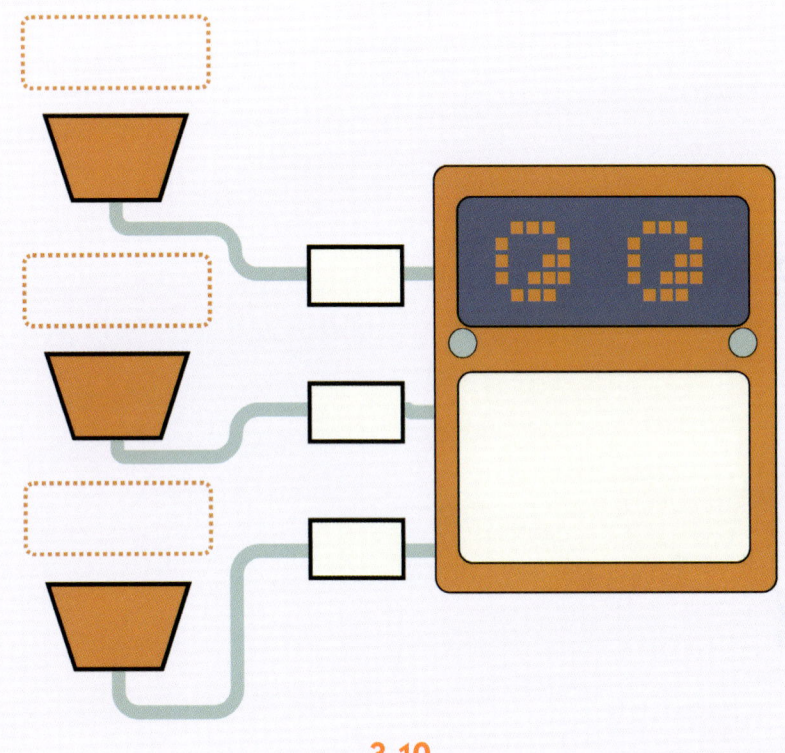

3-10

「等等，如果其中一個特徵……」康康開始說。

「……比其他特徵更重要！」娜娜接著說，「就像我比你更重要！」

媽媽嘆了口氣。

如果某個特徵比其他特徵都更重要：

「如果你認為某個特徵比其他特徵都更重要，那你可以給它一個比其他特徵都大很多的權重。」媽媽解釋道。

例如：如果康康認為**耳朵**的重要性是其他兩個特徵重要性的 20 倍，我們可以利用以下這個計分方程式：

步驟2：訓練　37

身高 ×1 ＋耳朵 ×20 ＋光滑 ×1（「康康模型」）

使用「康康模型」所算出來的計分是多少？填寫下方圖表來幫忙康康計分吧！

「康康模型」

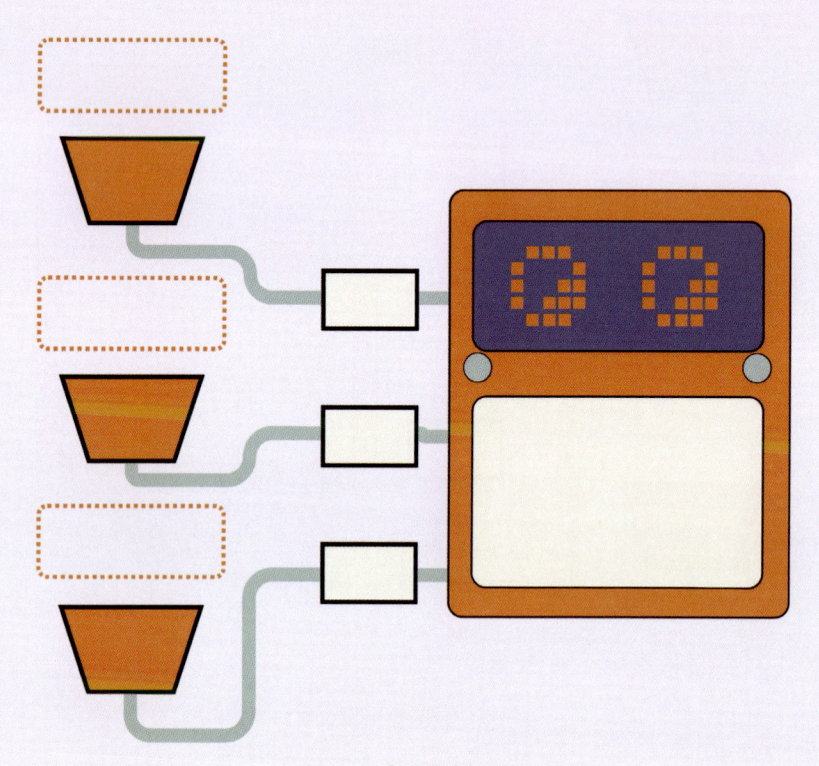

3-11

如果某個特徵比其他兩個特徵都較不重要：

「假設其他人，例如：娜娜的朋友雅佩，不同意康康的想法。認為**耳朵**非常不重要。娜娜可以根據雅佩的想法，作出另一個計分方程式，把耳朵乘上一個極小的數，例如：**0.000000000001**！」：

身高 ×1 ＋耳朵 ×0.000000000001 ＋光滑 ×1（「雅佩模型」）

使用「雅佩模型」算出來的計分會是多少呢？你可以用計算機幫她算算看！

「雅佩模型」

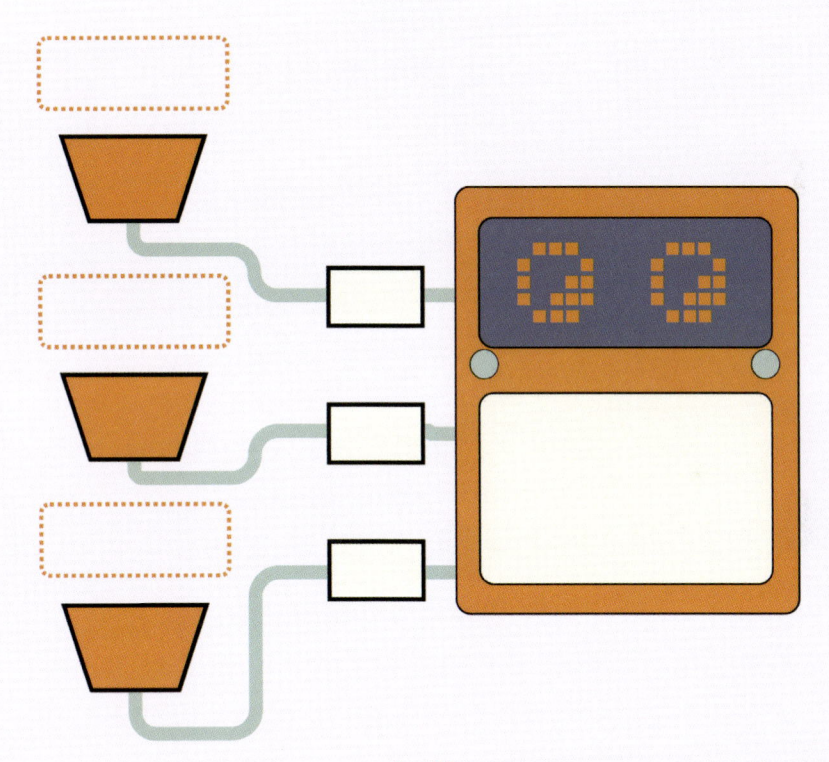

3-12

你可以在本書的最後，找到這些模型答案的解答。

如果某個特徵對猜測有負面影響：

「如果某個特徵讓狗狗不太可能是梗犬，我們可以將它乘上一個負的權重。例如：梗犬的皮毛通常比較粗糙且不太光滑。如果某隻狗狗的皮毛非常光滑，就會減少這隻狗狗是梗犬的可能性。我們可以給這個特徵一個負的權重，像是 -1。」媽媽解釋道。

步驟2：訓練　39

身高 6
耳朵 1
光滑 1

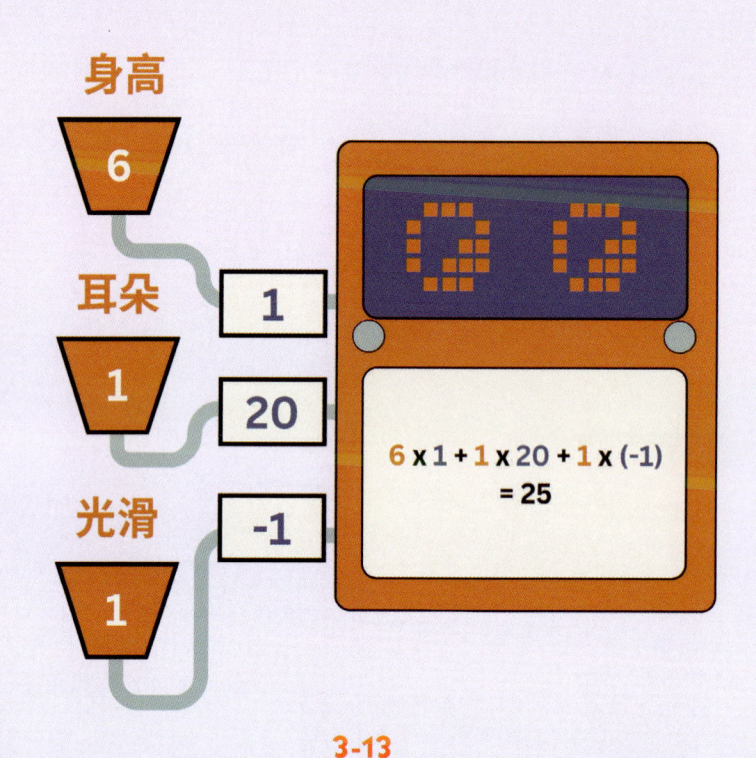

1
20
-1

6 x 1 + 1 x 20 + 1 x (-1)
= 25

3-13

「那是不是表示狗狗會因為有光滑的皮毛而被扣分？」康康好奇地問。

娜娜似乎突然有了靈感：「但扣分其實不一定是壞事，不像考試成績差就是壞事。如果我們在找梗犬（分數愈高代表愈可能是梗犬），那麼一隻狗狗因為有光滑皮毛而被扣分，就蠻合理的。」

康康停了一下說：「我們是不是也應該試著讓身高的權重是負的？梗犬通常很小隻，所以比較高大的狗狗，不太可能是梗犬。」兄妹倆開始集思廣益。

「想得好！」媽媽自豪地說。「你們已經搞懂魔法盒的運作方式了！我們把**身高**的權重設為 -1，再試一次吧。」

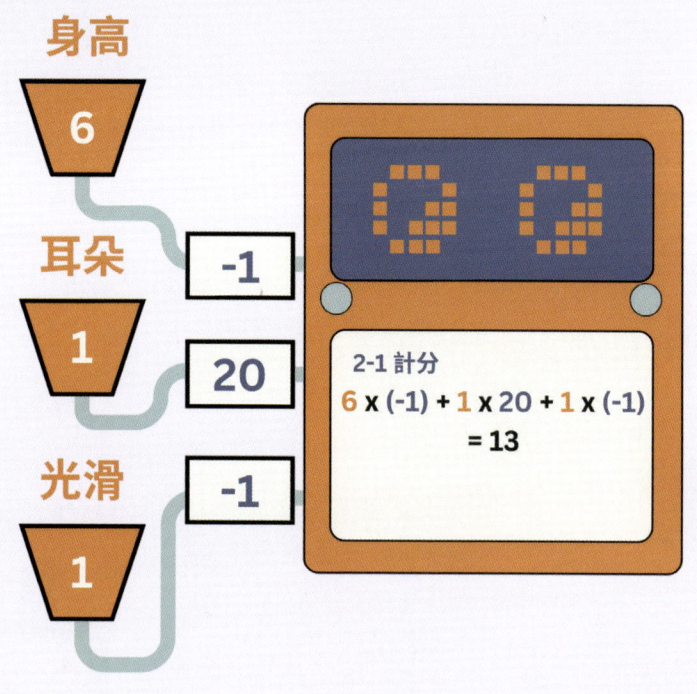

3-14

📌 **階段2-2：猜測（Guess）**

「那麼，這隻狗狗現在的計分是 13。但我不想再算任何分數了！魔法盒能不能就直接告訴我，這隻狗狗是不是梗犬？」娜娜開始不耐煩。他們已經在圖書室待太久了，她想要一隻可愛的小狗狗，而不是數學作業。

「別擔心，現在變簡單了。」魔法盒插話說：「只要看看我的螢幕。如果妳看到數字 1，代表我猜這隻狗狗是梗犬；如果妳看到數字 0，那代表我猜牠不是梗犬。」

> **詞彙說明**
>
> AI 科學家通常把作出**猜測**（**guesses**）稱為進行**預測**（**predictions**）。

步驟2：訓練　41

「哇！這也太酷了！但是，等一下……你怎麼判斷一隻計分是 13 分的狗狗是不是梗犬？」娜娜有點不確定。就連他們 2 歲的表妹蘇菲亞都看得出來，13 不是 1 或 0。

媽媽感到無比驕傲：「這是個超棒的問題，娜娜！」

魔法盒興奮地跳了起來：「我只遵守一個**簡單技巧**：當計分是正數時，猜 1；當計分是 0 或負數時，猜 0。」

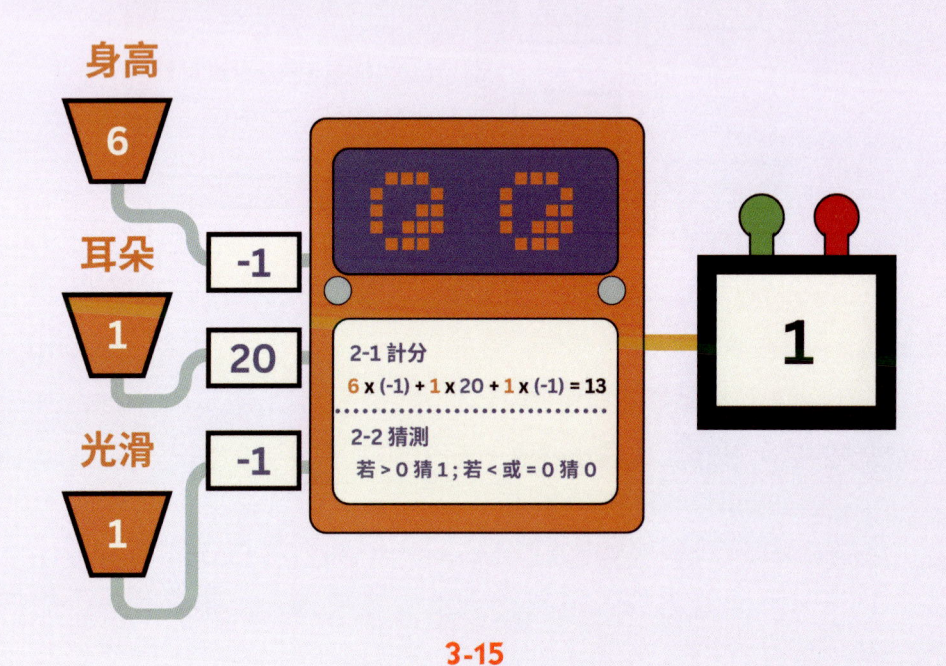

3-15

詞彙說明

AI 科學家將魔法盒用的那個非常容易的**簡單技巧**稱為**階梯函數（step function）**。魔法盒內部有很多運作中的**激勵函數（activation functions，也稱為活化函數）**，其中一個就是階梯函數。**激勵函數**是用來將計分轉換為決策值（decision value，如：0 或 1）的數學方程式。

階段2-3：檢查（Check Error）

「接下來，我們需要好好的訓練魔法盒。」媽媽解釋道，「而且需要你們其中一個人當小老師。誰想當小老師？」

娜娜跳了起來：「我！我！」

媽媽拍了拍手說：「太好了！我們已經知道正確答案，小老師的工作就是告訴魔法盒它猜對了還是猜錯了。就像老師會針對你的功課給你評語一樣，當你在訓練魔法盒時，你需要針對它的猜測，告訴它猜對了沒。」

> **詞彙說明**
>
> AI科學家把根據正確答案來判斷猜測（即預測）結果是否正確的過程，稱為**監督式學習（supervised learning）**。

娜娜問：「那我該做什麼呢？」

媽媽說：「記得我們把答案記錄在資料表裡了嗎？第一隻狗狗在梗犬那行的標註值為 0，這表示它不是梗犬。但魔法盒的猜測是 1（是梗犬），所以魔法盒猜錯了。」

> **詞彙說明**
>
> AI 科學家將這些錯誤稱為**誤差（errors）**。當猜測值（此例子中為 1）與標註值（此例子中為 0）不一致時，就是 AI 產生誤差了。

「我們要怎麼跟它說，它猜錯了呢？」

媽媽指著螢幕旁的紅色按鈕和綠色按鈕說：「在訓練的過程中，每次魔法盒作出猜測後，小老師就要對答案。如果猜測正確，小老師就按綠色按鈕；如果猜測錯誤，就按紅色按鈕。」

步驟2：訓練

「所以我該按紅色按鈕,因為魔法盒猜錯了?」

「沒錯!按下去。」

正確答案標註 → 0

綠色 = 猜測正確 , **紅色** = 猜測錯誤

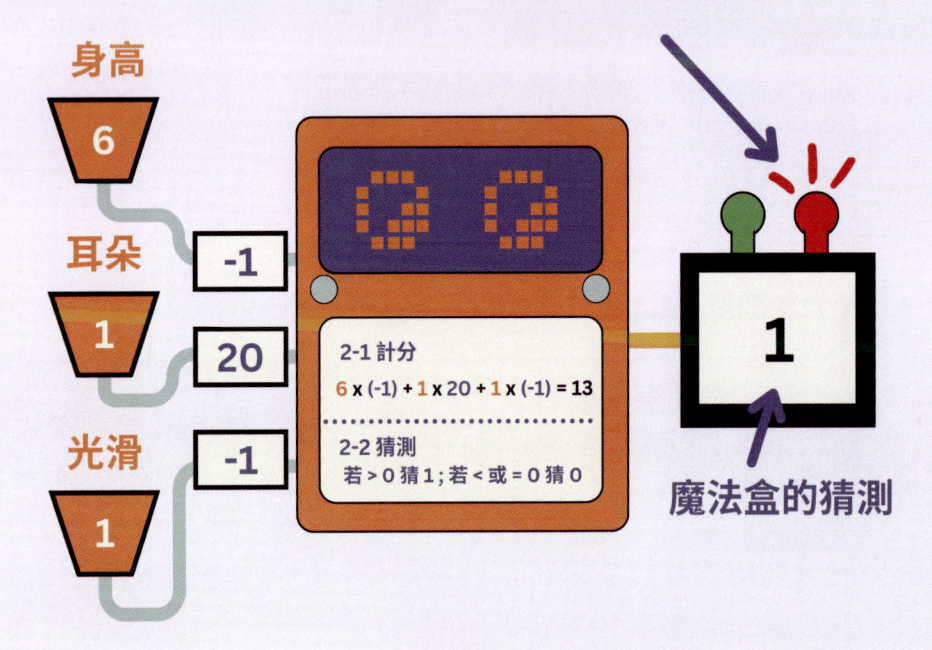

身高 6

耳朵 1　-1

光滑 1　20

　　　-1

2-1 計分
6 x (-1) + 1 x 20 + 1 x (-1) = 13

2-2 猜測
若 > 0 猜 1;若 < 或 = 0 猜 0

1

魔法盒的猜測

3-16

詞彙說明

娜娜在**監督式學習**中扮演小老師。魔法盒從**訓練資料集(training set,簡稱訓練集)** 中學習,這個訓練集是兄妹倆在圖書館整理出的狗狗名單,並且**正確標註**牠們的品種。因為**監督式學習**中有正確答案,魔法盒每次猜測完後,都能從小老師那裡收到猜測是否正確的回饋。

階段2-4：重複（Repeat）

「我應該讓魔法盒再猜一次嗎？」新上任的小老師覺得自己責任重大。

「再試一次之前，我們需要修改一些東西。」媽媽提醒道。

「有道理。」康康同意地說。「我在學騎腳踏車時，都會稍微改變一下我騎車的方式，然後再試一次。甚至在上數學課時，你也會練習不同的算式。不可能一次就學會加法或除法。」

「嗯，我們不能改變狗狗的特徵。那我們能改變權重嗎？」身為小老師的娜娜，展現出她理性的一面。

媽媽覺得娜娜很厲害：「那麼，娜娜，妳想改變哪個權重呢？」

「我喜歡大數字！我們把 20 改成 100 怎麼樣？我喜歡 100。」

魔法盒在更新數學公式時，興奮地跳動起來。新的分數是 93。魔法盒還是猜 1，因為這個 93 分數依然是正數——而且是一個比 13 還大很多的正數。

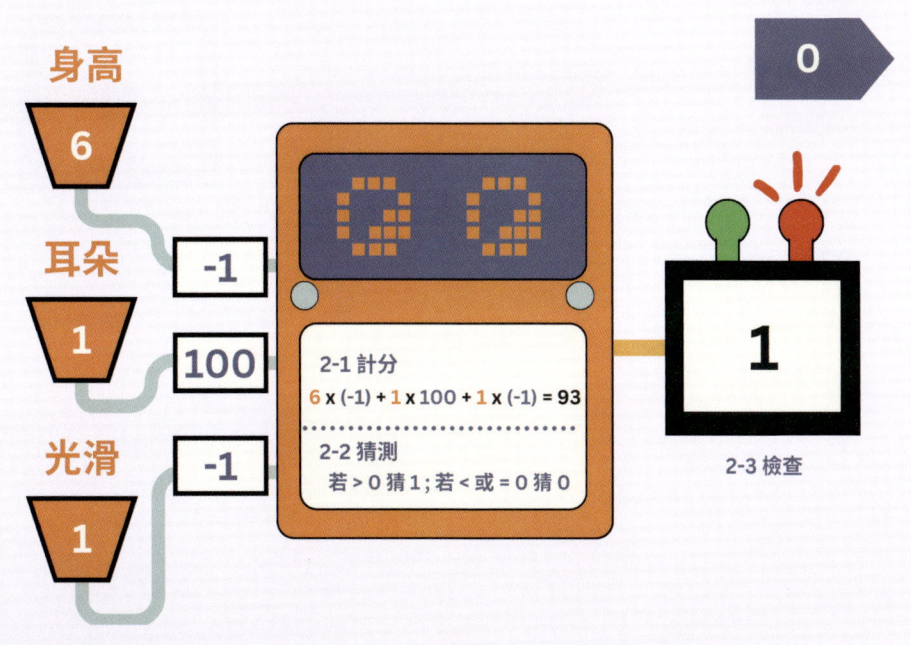

身高 6
耳朵 1 -1
　　　100
光滑 1 -1

2-1 計分
6 x (-1) + 1 x 100 + 1 x (-1) = 93

2-2 猜測
若 > 0 猜 1；若 < 或 = 0 猜 0

0

1

2-3 檢查

3-17

步驟2：訓練

「魔法盒又猜錯了嗎？」娜娜一邊按下紅燈，一邊有些抱怨地說：「天啊！一直犯錯，一點都不好玩。」

康康突然瞪大了眼睛：「哦，等等——我有個想法！如果要讓魔法盒猜 0，我們得想辦法讓這隻狗的計分變成負數。與其讓一個正的權重變得更大，不如讓一個負的權重變成更大的負數？」

「不錯！」媽媽點頭說。「那你告訴我，我們該怎麼作才能讓這個負的權重更大？」

「既然梗犬幾乎不可能有光滑的毛皮，那我們把**光滑**這個特徵的權重從 -1 改成一個非常大的負值，比如 -20，怎麼樣？一個非常大的負權重很可能會讓這隻狗的分數變成負數。」康康解釋道。

「我們試試看吧，魔法盒！」娜娜迫不及待地想看看結果會怎樣。

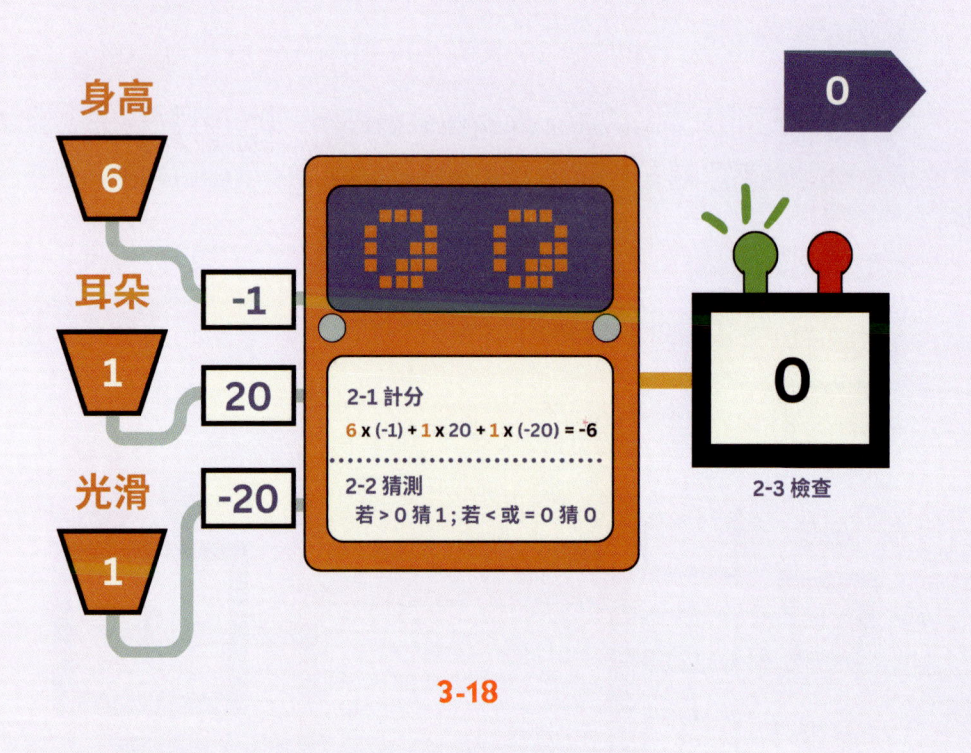

身高 6
耳朵 1　-1
光滑 1　20
　　　-20

2-1 計分
6 x (-1) + 1 x 20 + 1 x (-20) = -6

2-2 猜測
若 > 0 猜 1；若 < 或 = 0 猜 0

2-3 檢查

0

3-18

這次，魔法盒在螢幕上顯示了一個大大的 0！

娜娜簡直不敢相信自己的眼睛。「魔法盒終於猜對了！」她按下了綠燈。

「做得好，魔法盒！」娜娜給魔法盒一個大大的擁抱，而魔法盒則開心得手舞足蹈。

經過三次非常努力地嘗試，康康和娜娜終於找到可以讓魔法盒猜對的權重組合。

康康好奇地問：「所以這就是我們訓練魔法盒的方法：嘗試不同的權重、作出猜測、檢查誤差，然後再試一次？」

「沒錯！這就跟你們學騎腳踏車的過程一樣！你們和魔法盒都非常有恆心毅力！」媽媽對於康康和娜娜這麼快就弄懂魔法盒的運作方式，感到非常驚喜。

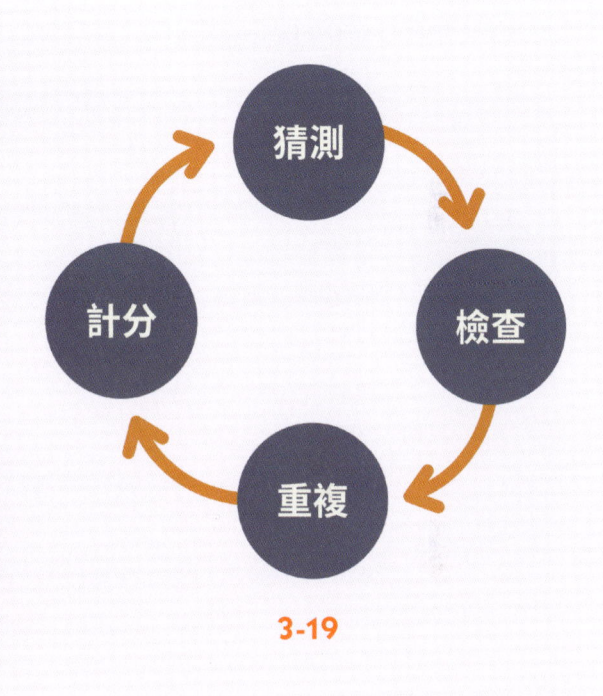

3-19

接下來的整個下午，兄妹倆把不同狗狗的資料，一個接著一個地輸入魔法盒。魔法盒慢慢學會了各種不同品種的狗狗，以及它們是否是梗犬。到了白天結束前，魔法盒已經變得非常擅長辨認梗犬了。

補充說明

為了讓讀者更容易理解故事內容，我們簡化了訓練過程。在階段 2-3 中所使用的權重，是魔法盒只用第一隻狗狗的資料，進行三輪訓練後所得到的權重。實際上，AI 科學家會持續調整權重的數值，並使用更多隻狗狗的資料來訓練模型。

步驟2：訓練

步驟 2　習作

詞彙牆：請用你自己的話，介紹下列的 AI 專有名詞（術語）：

術語	說明
訓練 (Training)	
計分 (Score)	
權重 (Weight)	
計分方程式 (Scoring Equation)	
簡單技巧 (Simple trick)	
猜測 (Guess)	
誤差 (Error)	

4-01

1. 請你幫忙康康訓練魔法盒來判斷某輛車是否為汽車。

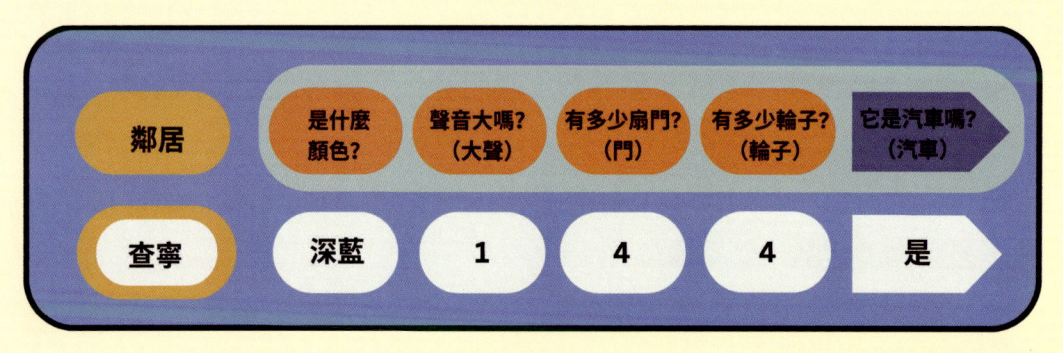

鄰居	是什麼顏色？	聲音大嗎？（大聲）	有多少扇門？（門）	有多少輪子？（輪子）	它是汽車嗎？（汽車）
查寧	深藍	1	4	4	是

4-02

讓我們將查寧的車輛資料輸入到魔法盒中,並要魔法盒把所有特徵的權重都設成 1,除了顏色以外。在魔法盒的「肚子」裡,完成以下兩個步驟:

階段 2-1:建立一個**計分方程式**,並得出查寧車輛的計分。

階段 2-2:使用魔法盒的簡單技巧進行**猜測**。

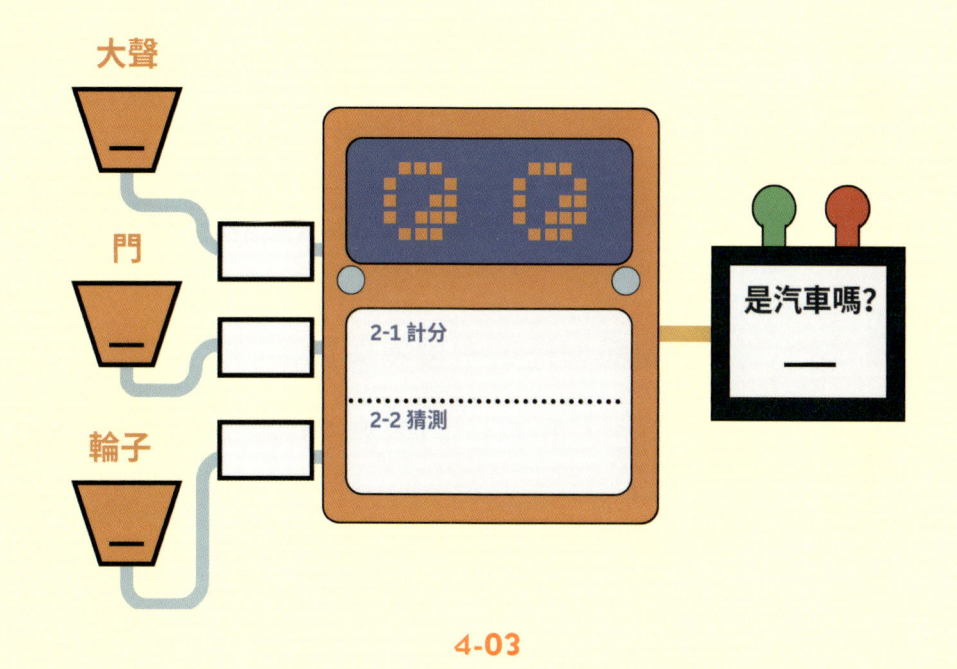

4-03

階段 2-3:**檢查(誤差)**——魔法盒的猜測是否正確?記住,即使答案不正確也沒關係!誤差很重要——魔法盒是透過不斷學習,減少誤差來進步的!

☐ 否

☐ 是

2. 現在,讓我們考慮以下計分方程式中,每個特徵的重要性。關於這個計分方程式,以下哪一項是正確的?

步驟2:習作　49

大聲 ×2 ＋門 ×4 ＋輪子 ×2

☐ 門的重要性是其他兩個特徵（大聲和輪子）的兩倍。

☐ 大聲的重要性是其他兩個特徵（門和輪子）的兩倍。

☐ 這三個特徵（大聲、門和輪子）都一樣重要。

3. 卡珊德拉，是康康和娜娜的 12 歲表姊妹，她喜歡烤餅乾。每週末都在她的社區擺攤賣餅乾。卡珊德拉很了解她鄰居的喜好，並且非常擅長猜測某人會買香草還是巧克力口味的餅乾，這些猜測是基於以下三個特徵：

> 這位顧客是大人還是小孩?

> 這位顧客是男生還是女生?

> 購買的時間是上午還是下午?

卡珊德拉將她的筆記整理成下方的表格：

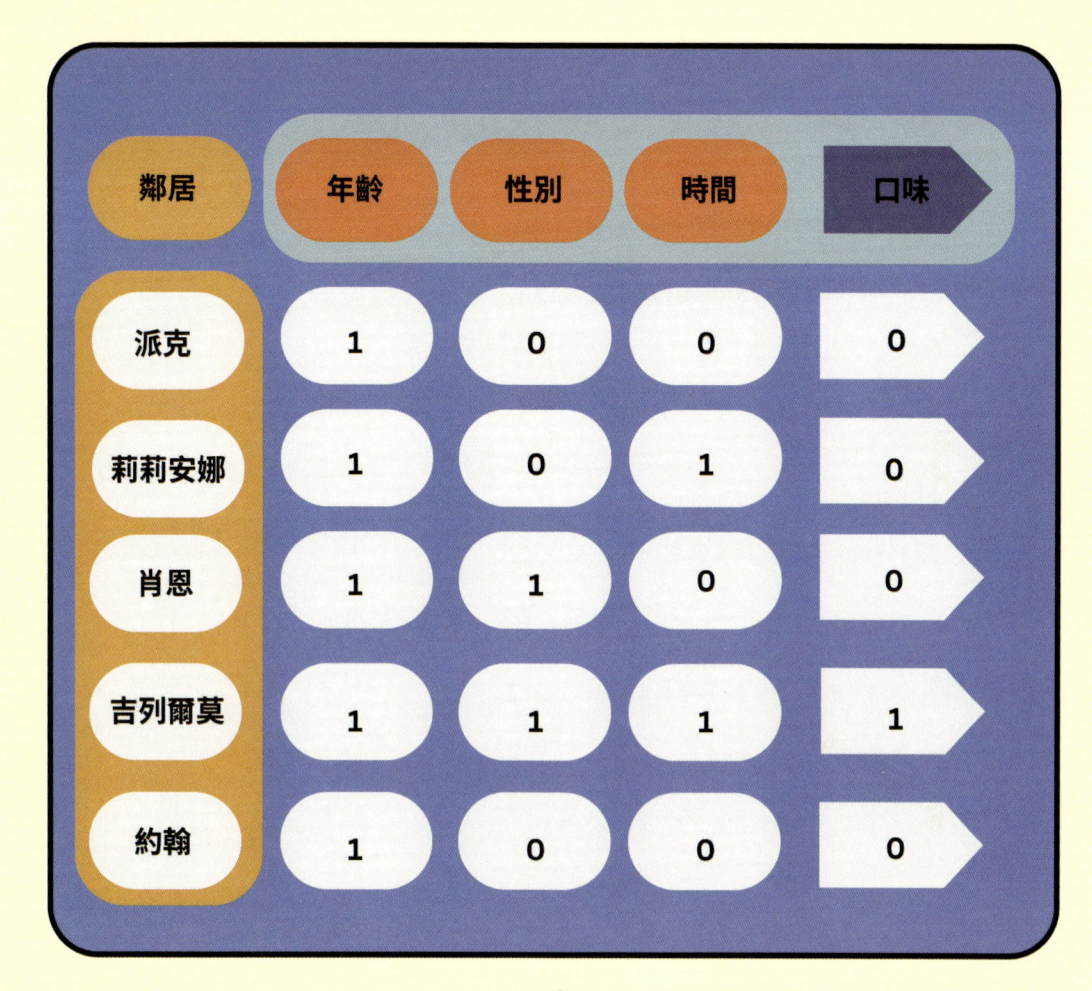

鄰居	年齡	性別	時間	口味
派克	1	0	0	0
莉莉安娜	1	0	1	0
肖恩	1	1	0	0
吉列爾莫	1	1	1	1
約翰	1	0	0	0

4-04

這是卡珊德拉為魔法盒資料重新編碼的方法：

年齡：1 表示小孩；0 表示大人

性別：1 表示女孩；0 表示男孩

時間：1 表示上午；0 表示下午

口味：1 表示香草口味；0 表示巧克力口味

根據年齡、性別和一天中的時間，卡珊德拉會試著在鄰居開口之前，猜測他們想要的餅乾口味！當然，卡珊德拉有時會猜錯，但她大多數都猜對！卡珊德拉記得她剛開始賣餅乾時，她很不會猜鄰居想要哪種口味。但是經過整個夏天的練習後，她已經變成非常會猜了！

A. 假如卡珊德拉的鄰居蕾妮想要香草口味，那麼香草口味在魔法盒中被稱為 _____。

☐ 權重

☐ 特徵

☐ 標註

B. 卡珊德拉使用以下計分方程式，對每位鄰居進行計分：

年齡 ×1 ＋**性別** ×(-2) ＋**時間** ×2

該計分方程式中的乘數（-2）被稱為 _____。

☐ 權重

☐ 特徵

☐ 標註

C. 年齡、性別和時間被稱為 _____。

☐ 權重

☐ 特徵

☐ 標註

D. 某個夏天，卡珊德拉注意到有些鄰居的頭髮顏色很特別。她隔壁鄰居琳達的頭髮是藍色的！卡珊德拉開始留意那些買餅乾鄰居的頭髮色，並開始記錄髮色。卡珊德拉應該將髮色記錄為：

☐ 橫列

☐ 直行

☐ 表格

E. 你認為顧客頭髮的顏色是否有助於預測他們想要購買的餅乾口味？
（*這是一個開放式問題，可以有很多種答案。*）

☐ 是

☐ 否

☐ 不一定，因為 _____。

F. 如果卡珊德拉認為頭髮顏色與時間在猜測餅乾口味偏好方面同樣重要，請依此填寫以下空白處：

年齡 ×1 ＋ 性別 ×(-2) ＋ 時間 ×2 ＋ 頭髮 × _____

年齡

性別　1

　　　-2

時間　2

頭髮

2-1 計分
年齡 ×1 ＋ 性別 ×(-2) ＋
時間 ×2 ＋ 頭髮 ×_____

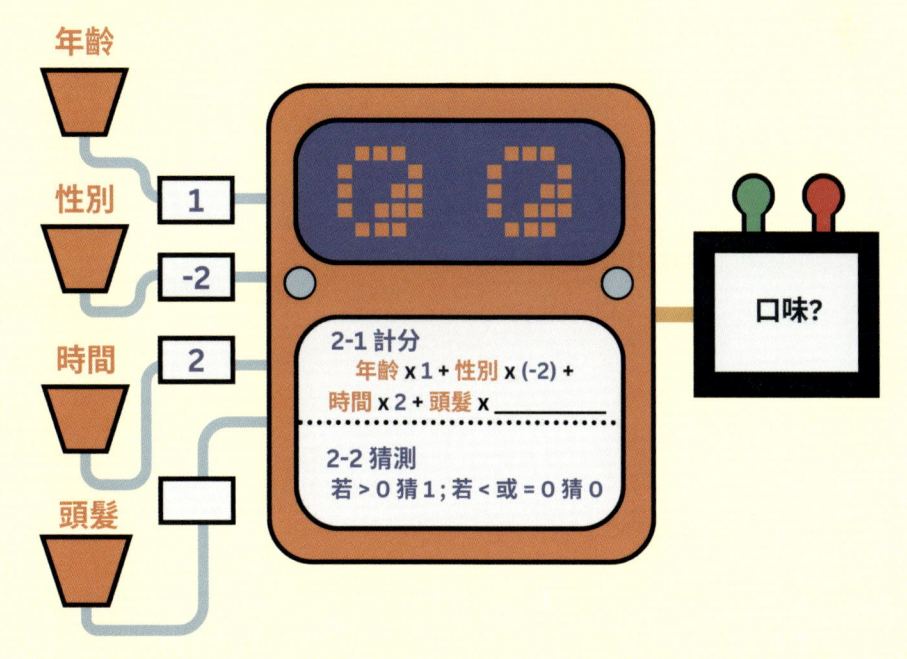

2-2 猜測
若 ＞ 0 猜 1；若 ＜ 或 ＝ 0 猜 0

口味？

4-05

步驟2：習作　53

G. 卡珊德拉的朋友珍妮爾認為，頭髮顏色對猜測餅乾口味偏好毫無用處，請依此填寫以下空白處：

年齡 ×1 ＋性別 ×(-2) ＋時間 ×2 ＋頭髮 ×＿＿＿＿

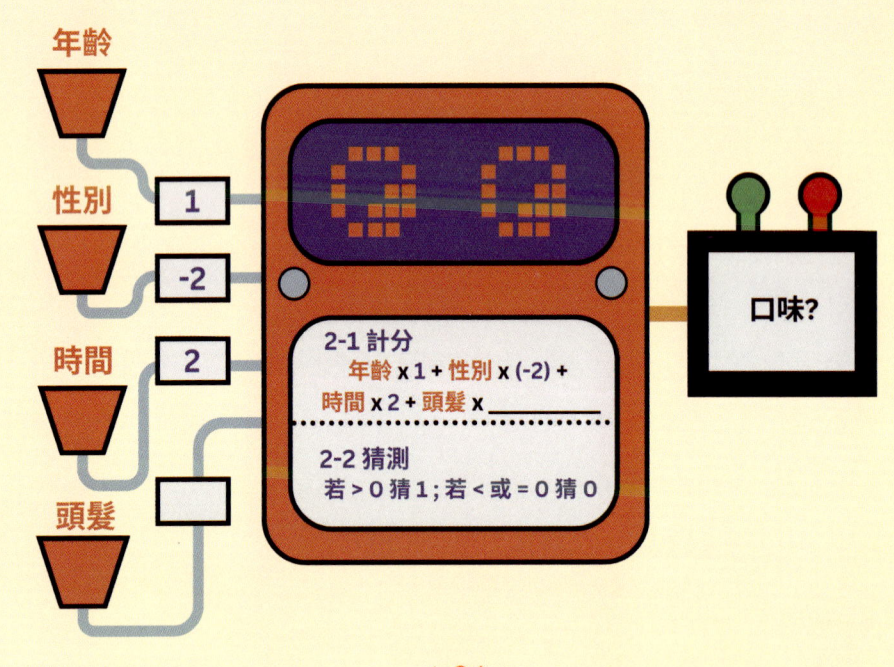

2-1 計分
年齡 x1 + 性別 x (-2) + 時間 x 2 + 頭髮 x ＿＿＿

2-2 猜測
若 > 0 猜 1；若 < 或 = 0 猜 0

4-06

步驟3：決策

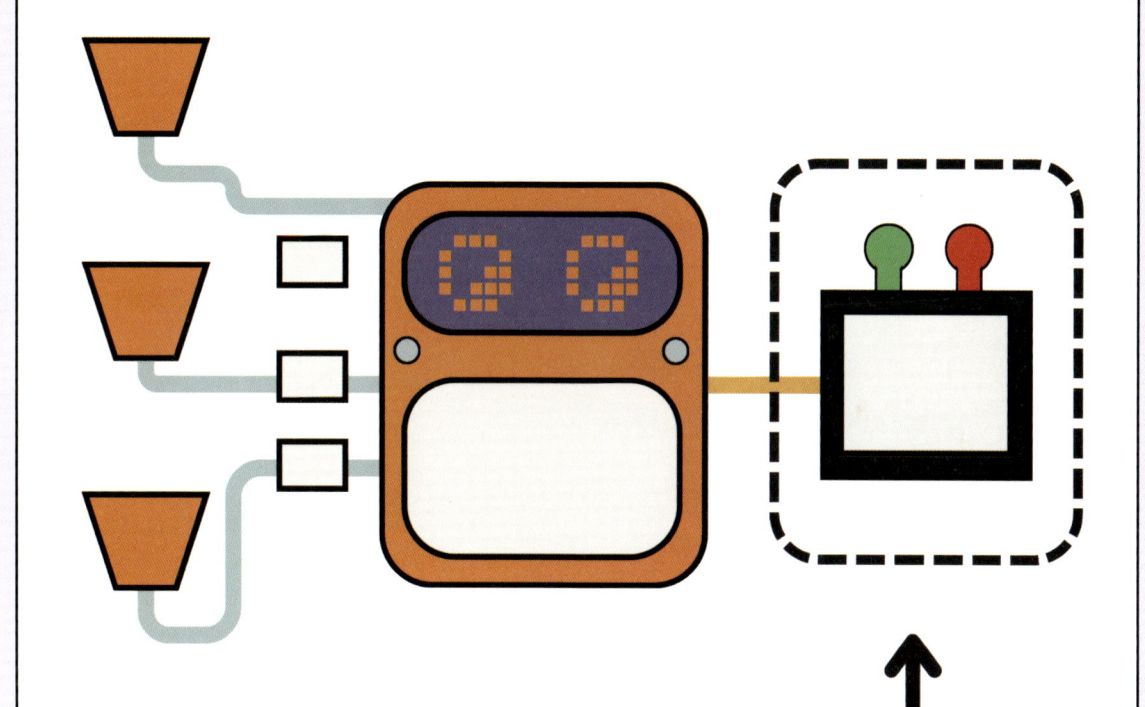

1.收集　　2.訓練　　3.決策

5-01

步驟3：決策　55

5-02

　現在我們已經將魔法盒訓練好了,該讓它上工了。兄妹倆非常興奮,坐在媽媽汽車的後座時,兩人緊緊抱著坐在他們中間的魔法盒。

　「等到了狗狗收養中心,我們讓魔法盒看看那些可以收養的狗狗,它就會告訴我們哪隻狗狗是梗犬。」

> **詞彙說明**
>
> AI 科學家喜歡說魔法盒**在預測**（make predictions）那些它沒看過的狗狗，而不是對狗狗進行**決策**（decide）。在訓練這個階段，他們也會說，魔法盒是進行**預測**，而不是**猜測**（guess）。我們選擇用不同詞彙來區分這兩者，把魔法盒尚未完全訓練完成之前講的答案稱為**猜測**（guess），在魔法盒完全訓練完成之後講的答案稱為**決策**（decide）。

「也就是說，我們可以知道哪隻是低致敏狗狗！」娜娜開心地歡呼。

「沒錯，」媽媽說。「因為我們知道梗犬是低致敏狗狗，所以不管是哪隻狗狗，只要魔法盒決定牠是梗犬，我們就可以帶那隻狗狗回家。」

因為我們把魔法盒訓練得很好，就算娜娜現在不監督魔法盒，它也能作出正確的決策。是讓魔法盒獨立的時刻了。我們把螢幕上的紅色和綠色按鈕卸下來。」媽媽將按鈕拔下來，並放進她的口袋。

收養中心裡有一條長長的走廊，每隻狗都單獨養在一個大的圍欄中，走廊盡頭有張會議桌。全家人跟著收養中心的人員尤金一起走到桌子旁。康康和娜娜把魔法盒放在桌上。康康數了數圍欄裡的狗狗，一共有 8 隻。有些狗狗很小，有些很大；有些耳朵尖尖的，有些毛皮光滑。這裡看起來是測試魔法盒的好地方。

他們從看到的第一隻狗狗開始測試。因為尤金也陪在旁邊，所以可以馬上知道魔法盒是否猜對了。

	身高	耳朵*	光滑**
#1	6	1	1

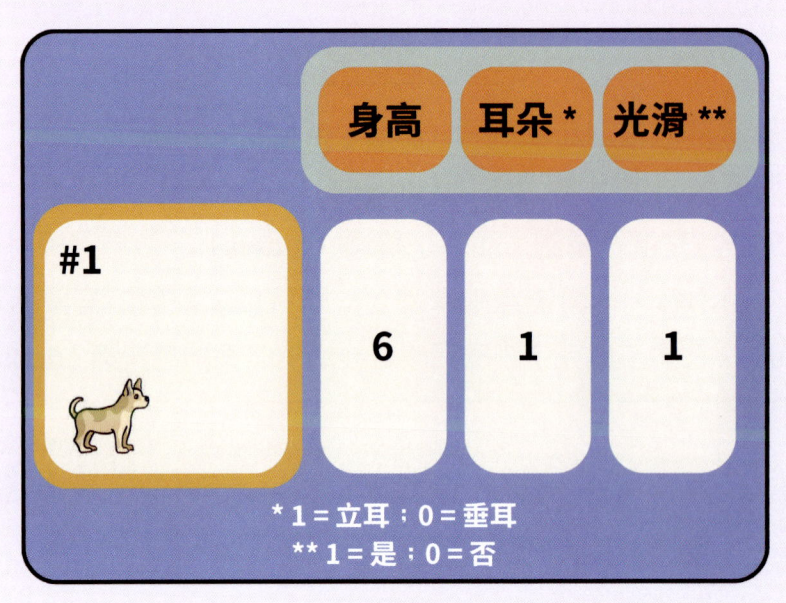

*1＝立耳；0＝垂耳
**1＝是；0＝否

5-03

　　魔法盒稍微思考了一下後，開始發出嗡嗡的聲音，之後螢幕上顯示了一個0。這表示第一隻狗狗不是梗犬。

　　「正確」尤金說，「這是一隻吉娃娃。」

　　接下來是一隻白色的、全身有黑色斑點、皮毛光滑的狗狗。

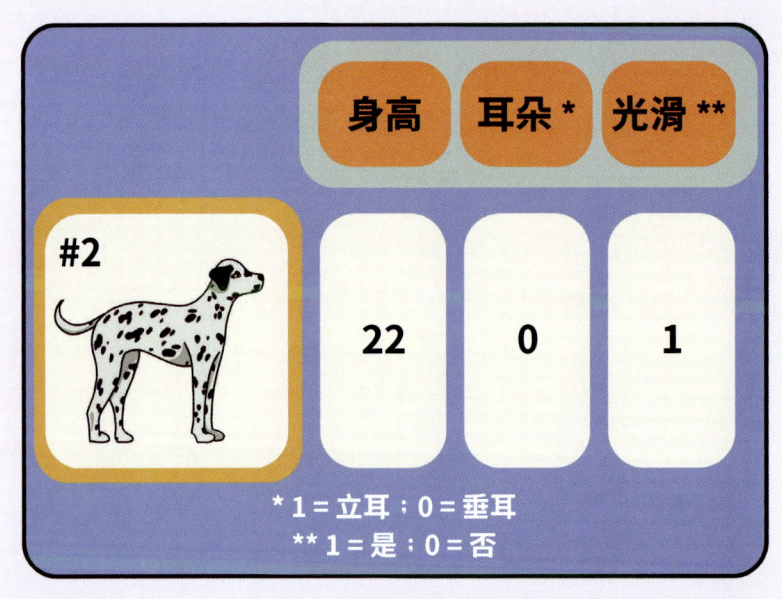

	身高	耳朵*	光滑**
#2	22	0	1

*1＝立耳；0＝垂耳
**1＝是；0＝否

5-04

螢幕上又出現了一個0。尤金說：「答對了。這是一隻大麥町犬。」

魔法盒開始一一認識圍欄裡的狗，每次螢幕都閃現出一個0──「不是梗犬。」這些狗狗裡，沒有一隻是梗犬！康康開始感到有點沮喪。「我們到底能不能找到一隻可以帶回家的小狗狗啊？」

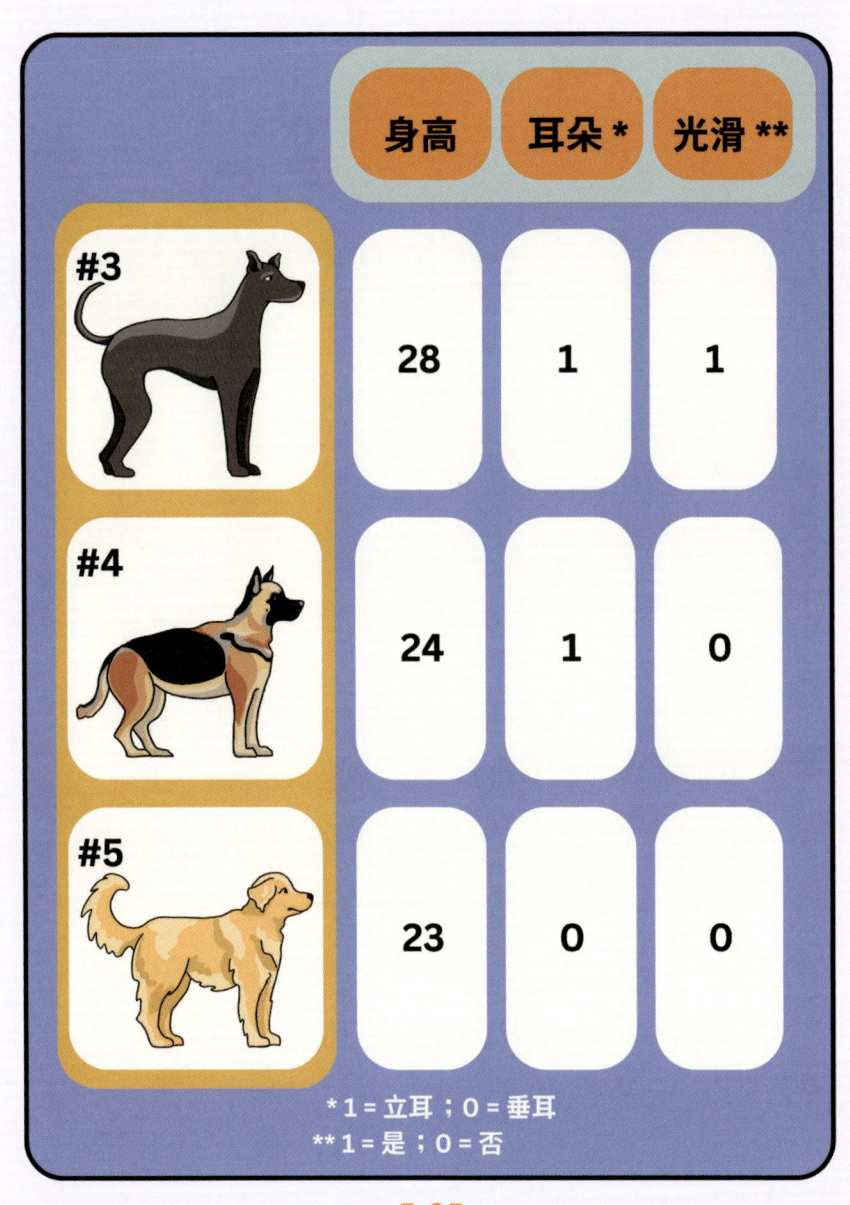

	身高	耳朵*	光滑**
#3	28	1	1
#4	24	1	0
#5	23	0	0

*1＝立耳；0＝垂耳
**1＝是；0＝否

5-05

	身高	耳朵*	光滑**
#6	15	0	0
#7	12	0	1
#8	10	1	0

*1 = 立耳；0 = 垂耳
**1 = 是；0 = 否

5-06

最後，一隻小狗狗坐在魔法盒面前。牠身高 10 英吋，屬於中等體型，耳朵尖尖，毛皮粗糙且是黑色的。牠看起來也很友善，搖著尾巴，眼神溫柔。魔法盒閉上眼睛，思考了幾秒鐘，然後，突然間……螢幕上顯示出數字 1！

「我們找到梗犬了！」小老師很自豪的宣告勝利！

步驟3 習作

詞彙牆：請用你自己的話，介紹以下的 AI 專有名詞（術語）：

決策（Decision）

6-01

1. 媽媽回家後說，他們的新鄰居茉莉也有一隻小狗！娜娜迫不及待地想知道魔法盒能否正確判斷新鄰居的小狗是不是一隻梗犬。媽媽說這隻小狗大約有 18 英吋高，耳朵向下垂垂的，皮毛粗糙。

   A. 請幫助娜娜將茉莉的小狗資料輸入魔法盒，並使用魔法盒的最終計分方程式來作出判斷。**記住：讓魔法盒使用以下公式來判斷一隻狗是否為梗犬！**

   計分＝身高 ×(-1) ＋ 耳朵 ×20 ＋ 光滑 ×(-20)

6-02

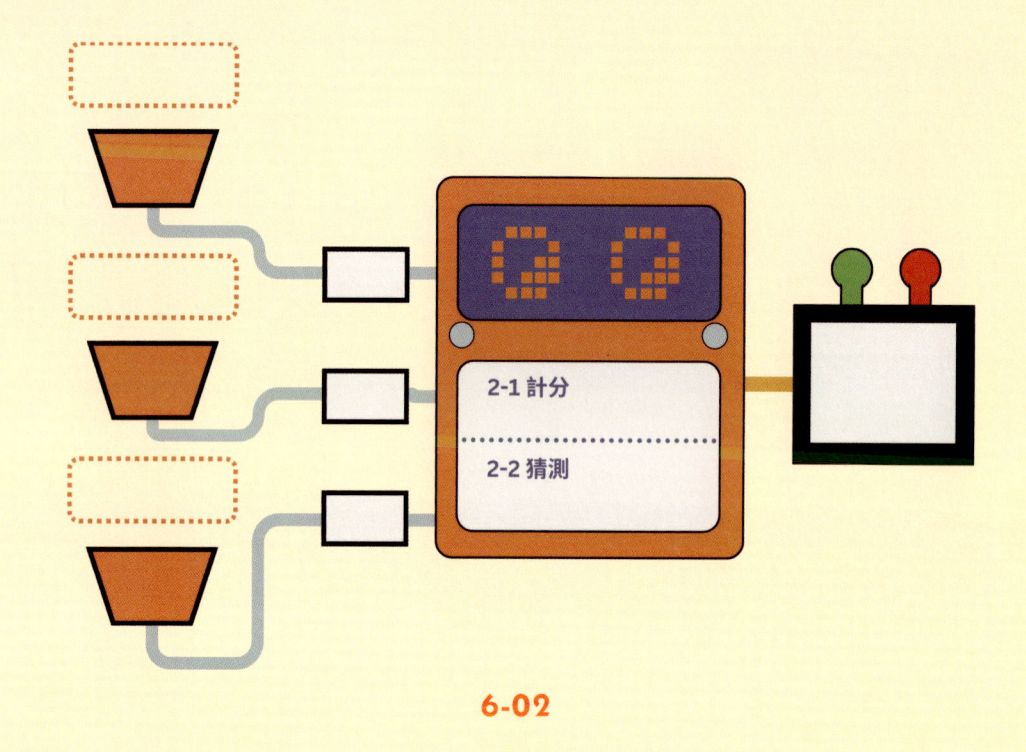

B. 茉莉說她的小狗狗是一隻梗犬。魔法盒的判斷正確嗎？

□ 魔法盒判斷正確。

□ 魔法盒判斷錯誤。

C. 幫助魔法盒使用相同的計分方程式，對康康和娜娜社區裡的其他小狗進行判斷。以下是社區鄰居家小狗的資料表：

鄰居	身高	耳朵*	光滑*	梗犬*
亞倫	13	0	1	0
尤金	15	1	0	1
丹尼爾	20	0	0	1
阿麗莎	24	1	0	0
達隆	28	1	1	0
海莉	13	1	1	0
納撒尼爾	5	1	0	1
蒂米莉亞	30	1	1	0

*1 = 是；0 = 否

6-03

對每隻小狗，使用計分方程式，並寫出魔法盒的判斷：

計分＝身高 ×(-1) + 耳朵 ×20 + 光滑 ×(-20)

然後說明判斷是否正確。

（我們用亞倫狗狗的資料示範這個表該怎麼填）

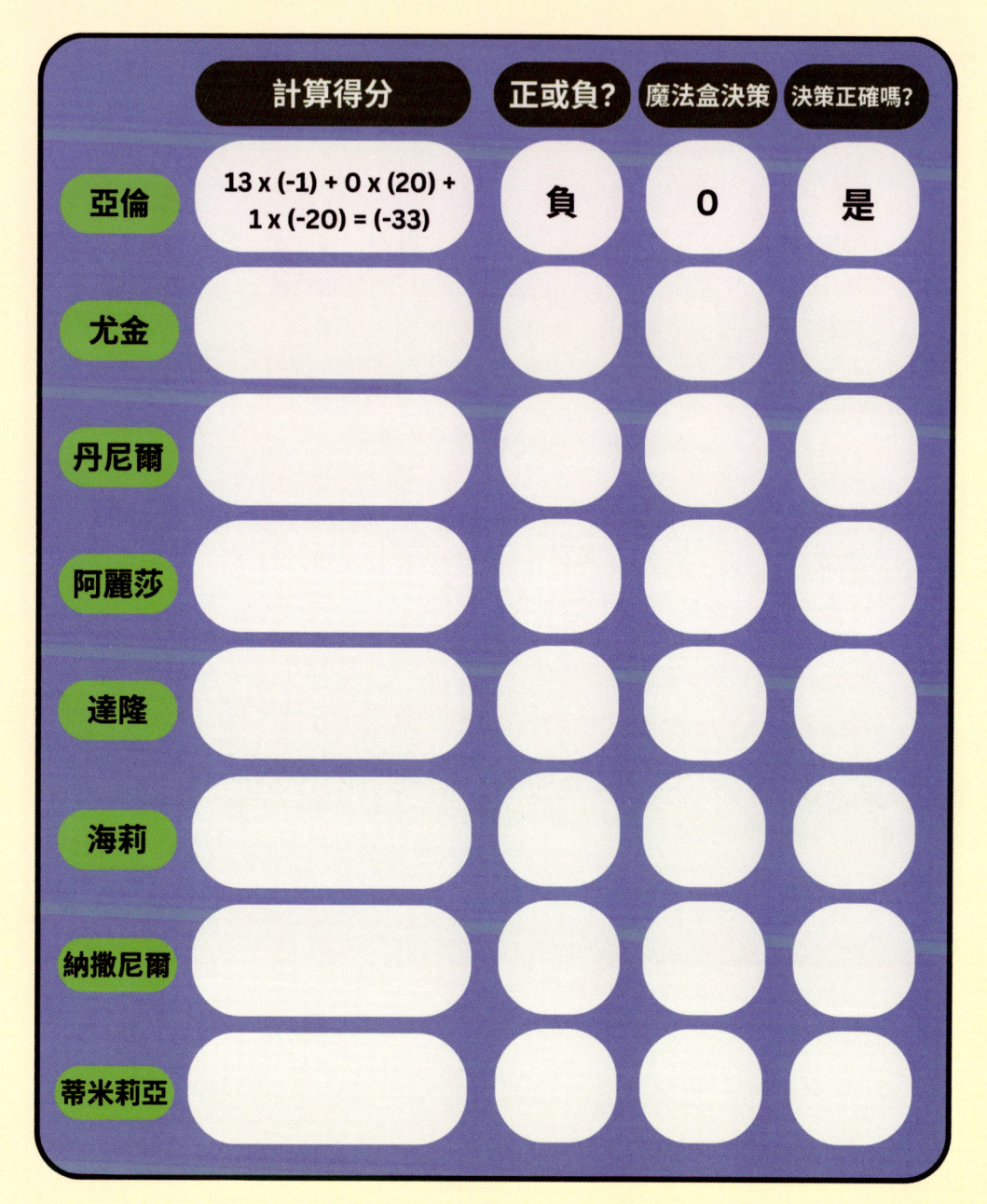

	計算得分	正或負?	魔法盒決策	決策正確嗎?
亞倫	13 x (-1) + 0 x (20) + 1 x (-20) = (-33)	負	0	是
尤金				
丹尼爾				
阿麗莎				
達隆				
海莉				
納撒尼爾				
蒂米莉亞				

6-04

D. 魔法盒有幾個正確的決策?_____

E. 魔法盒有幾個錯誤的決策?_____

F. 請計算魔法盒作出**正確**決策的百分率。AI 科學家通常稱這個百分率為**準確率**（**accuracy**）。

G. 你對魔法盒仍會作出錯誤的決策感到驚訝嗎？為什麼？你可以如何幫忙魔法盒減少錯誤並作出更多正確的猜測嗎？

我們有小狗狗了！

回到家後，全家人圍坐在他們家的新成員旁。他們將這隻小狗取名為**亞堤**（Artie），當做是人工智慧（Artificial Intelligence）的縮寫。人工智慧是幫助他們找到新狗狗的魔法工具。魔法盒坐在沙發上咯咯地笑著，看起來對自己用數學公式完成的任務非常滿意。

「魔法盒很可愛，但是它和我朋友用來寫詩、創作音樂或回答問題的 AI 完全不一樣，」康康一邊輕輕撫摸亞堤的頭，一邊說。「我不懂為什麼它們通通就叫 AI。」

嗯，其實你朋友用的 AI 和魔法盒並沒有那麼不同。功能強大的 AI 需要把很多的魔法盒組裝在一起，就像拼樂高一樣。而且還需要訓練更長的時間（比如三個月，而不是三分鐘！）。但如果你深入了解 AI，你會發現，它們其實就是一堆彼此串聯在一起的魔法盒！

詞彙說明

還記得我們之前說過，魔法盒其實就是 AI 科學家口中的**人工神經元（artificial neuron）**。每個魔法盒就像一塊樂高積木，我們可以將很多個魔法盒拼在一起。第一個魔法盒的猜測結果會變成輸入第二個魔法盒的資料。當多個魔法盒或人工神經元連接在一起時，科學家把這個集合叫作**人工神經網路（artificial neural network）**，就是一般人所說的**深度學習（deep learning）**。

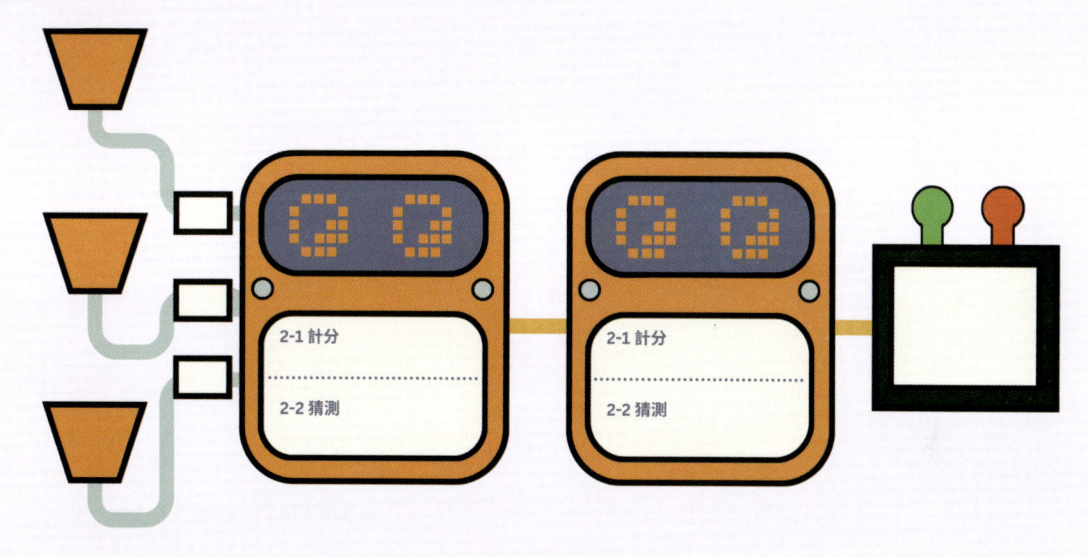

7-01

　　「我真以你們為榮」媽媽說道，亞堤跳到媽媽身上。「你們學到了好多有關 AI 的知識。而且經過你們的努力，不僅能讓亞堤和我們一起生活，還能讓魔法盒也成為家裡的一分子！」

　　娜娜愣了一下。「等等……魔法盒會和我們住多久？我還以為我們只是像借圖書館的書一樣，把它借回來。」

　　媽媽微笑著，像是在隱瞞什麼似的。「你們不覺得好奇，我和魔法盒怎麼會認識的嗎？」

　　康康點點頭。「我有注意到……但我沒多想。」

　　「沒錯，魔法盒其實是我和我的數據科學團隊一起研發出來的。我們發現，魔法盒可以幫助像你們這樣的年輕人，對 AI 有更多的了解。所以，我們決定把魔法盒放在圖書館裡，讓孩子們學習使用。」

　　「沒錯！」魔法盒接話說。「能和那些對世界充滿好奇、充滿問題的孩子們一起學習，真是太棒了。我在圖書館裡讀了很多書，學到了很多東西，但我從像你們這樣的年輕人身上學到的最多。」

我們有小狗狗了！

「現在魔法盒終於學完了圖書館中所有的知識,」媽媽補充道,「它可以來和我們一起生活了。我們甚至能讓魔法盒和亞堤一起訓練!」

兄妹倆互相看了一眼,然後笑成一團。「那我們現在有兩個新家庭成員了!歡迎你!亞堤!歡迎你!魔法盒!」

7-02

挑戰 習作

現在你已經學習了 AI 學習過程的每一步驟，我們希望你能運用所學，將 AI 的功能應用在新的挑戰上。就像康康與娜娜兩兄妹使用魔法盒來判斷他們新的小狗狗是否為梗犬一樣，我們希望你提出一個新想法，讓魔法盒幫助你！

從康康的朋友馬克開始。康康、馬克和他們的朋友組隊，他們計劃要在本週末去田徑場上跑步，並且希望打破自己的**個人紀錄（Personal Records, PR）**。

馬克認為能否破紀錄，可能取決於以下三個特徵：

- **吃糖果**：當天是否吃了糖果？（1＝是，0＝否）
- **有睡飽**：前一晚是否有睡飽？（1＝是，0＝否）
- **有練習**：過去一週是否練習足夠？（1＝是，0＝否）

以下是馬克所作的資料表：

朋友	吃糖果	有睡飽	有練習	打破紀錄
耶路撒冷	1	0	0	0
阿圖羅	0	1	0	1
班恩	0	1	0	1
卡林	1	0	1	1
克里斯蒂娜	0	0	0	0
薩利瑪	1	1	0	1
莎拉	1	0	1	1
雷蒙德	0	1	0	1
葛麗絲	1	0	1	1
保羅	1	0	0	0
伊恩	1	1	1	1

1 = 是; 0 = 否

8-01

A. 馬克的**目標**是什麼？＿＿＿＿＿

B. 馬克該如何為這個目標收集**標註**？

C. 使用魔法盒的範本來嘗試不同的**權重**。哪些權重能產生正確的猜測？

提示：正確的猜測表示當跑者真的打破他們個人紀錄時，魔法盒的猜測為「是」，當跑步者沒有打破紀錄時，猜測為「否」。

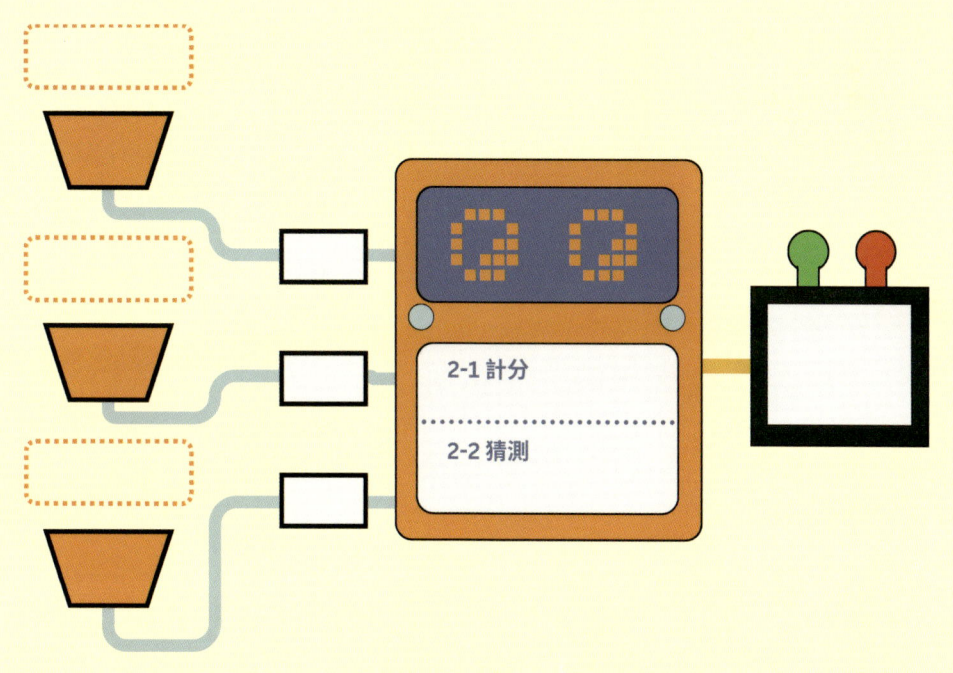

8-02

挑戰：習作

D. 你認為還有哪些**特徵**可能影響朋友能否跑得更快,並打破個人紀錄?列出至少兩個特徵。

現在換你發揮創意了!提出至少三個魔法盒能幫助你解答的問題!

提示:為每個問題指定一個**目標**。利用我們提供的範本來幫助你整理想法和解決方案。

問題1：

A. 這個問題的**目標**是什麼？_____

B. 列出至少三個可以讓魔法盒出做出正確決策的特徵。

C. 你將如何收集這些特徵的**資料**？你將如何使用這些資料來訓練魔法盒回答這個問題？

D. 使用下列的範本來收集資料。**提醒：**你不一定需要使用所有的橫列和直行：

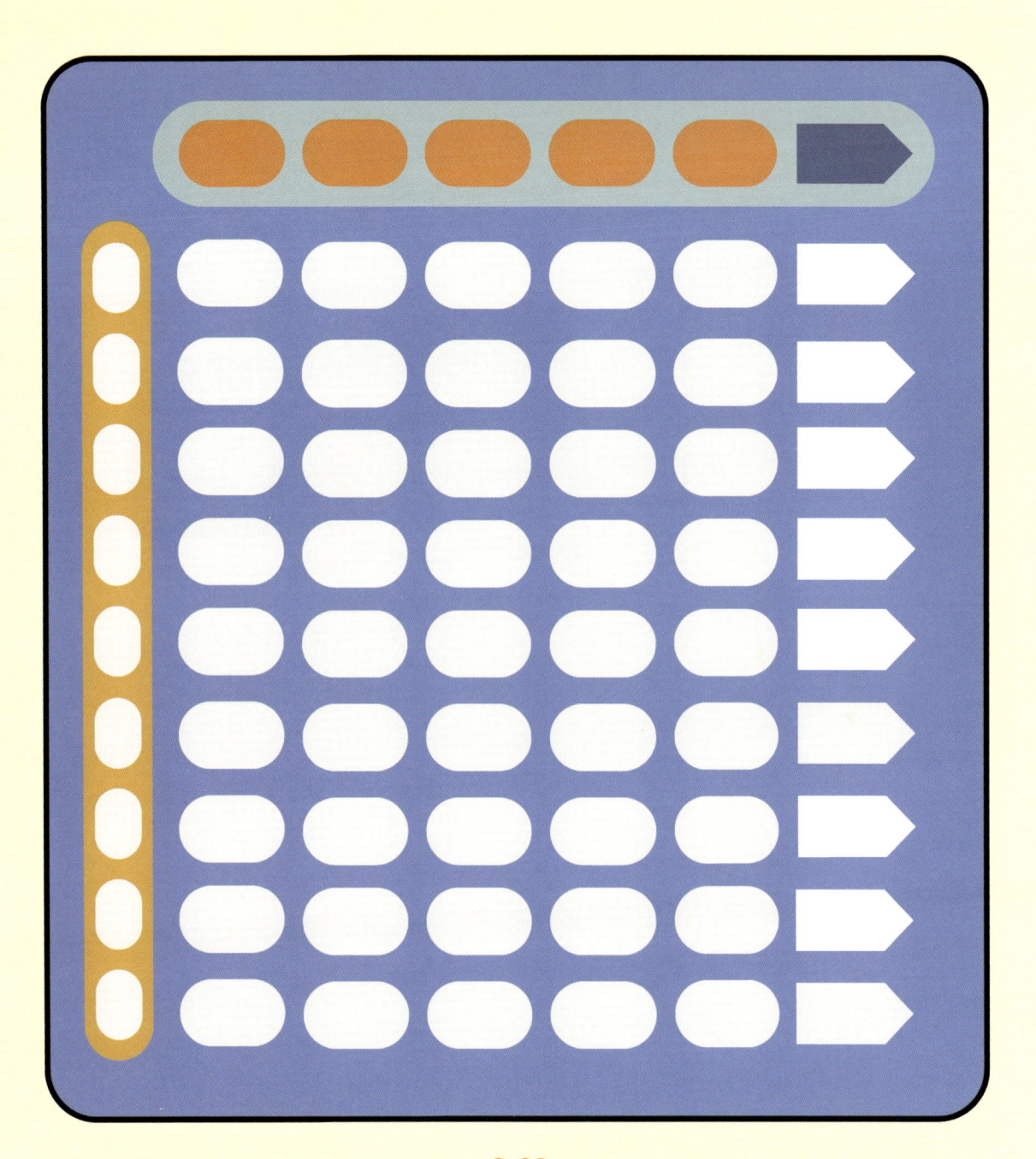

8-03

E. 收集完資料後，開始使用資料表訓練魔法盒。按照我們之前的步驟，找到最佳的權重，讓魔法盒能作出正確的猜測！

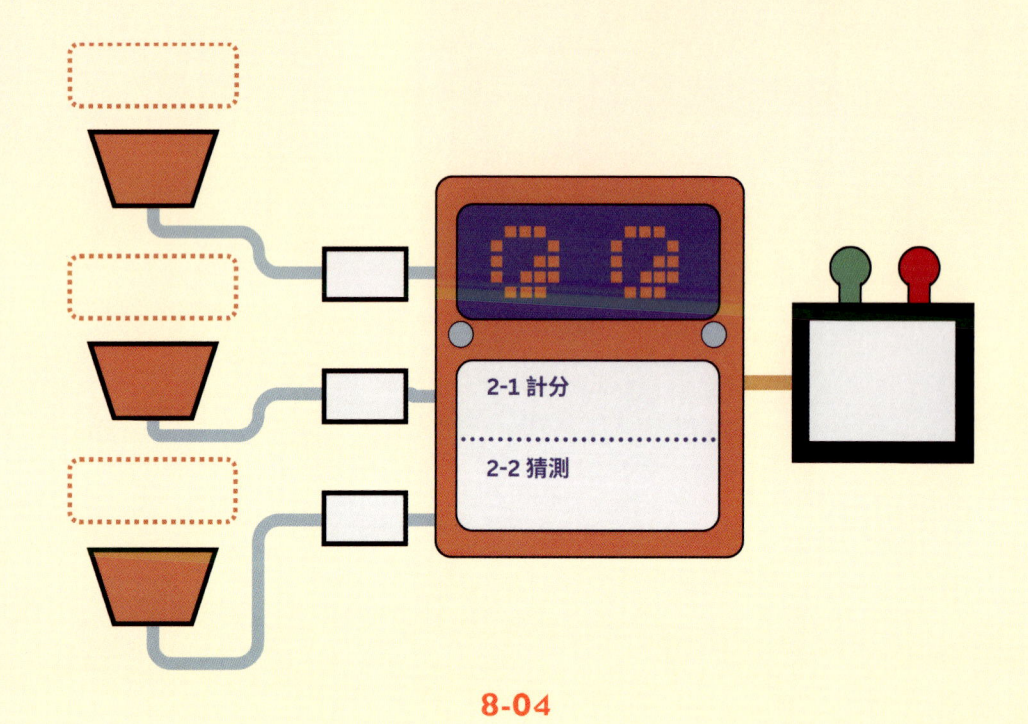

2-1 計分

2-2 猜測

8-04

問題2：

A. 這個問題的**目標**是什麼？＿＿＿＿

B. 列出至少三個可以讓魔法盒出作出正確決策的特徵。

C. 你將如何收集這些特徵的**資料**？你將如何使用這些資料來訓練魔法盒回答這個問題？

D. 使用下列的範本來收集資料。**提醒：**你不一定需要使用所有的橫列和直行：

8-05

E. 收集資料後，使用資料表訓練魔法盒。按照我們之前使用的步驟，找到最佳的權重，讓魔法盒作出正確的猜測！

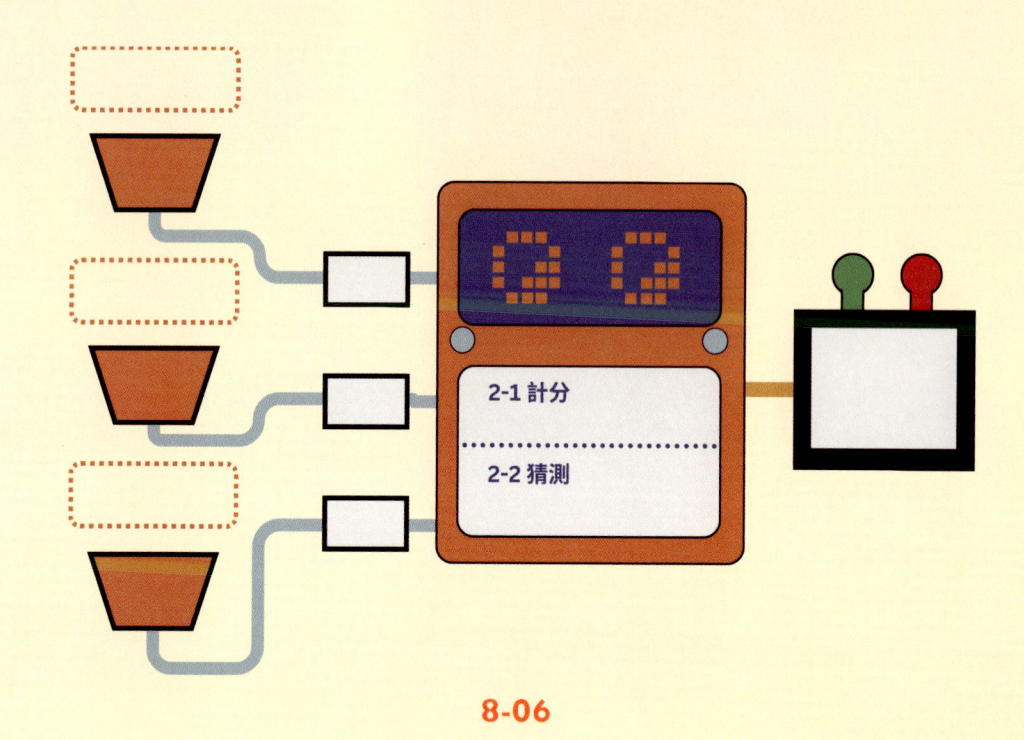

8-06

問題3：

A. 這個問題的**目標**是什麼？_____

B. 列出至少三個可以讓魔法盒作出正確決策的特徵。

C. 你將如何收集這些特徵的**資料**？你將如何使用這些資料來訓練魔法盒回答這個問題？

D. 使用下列的範本來收集的資料。**提醒：**你不一定需要使用所有的橫列和直行：

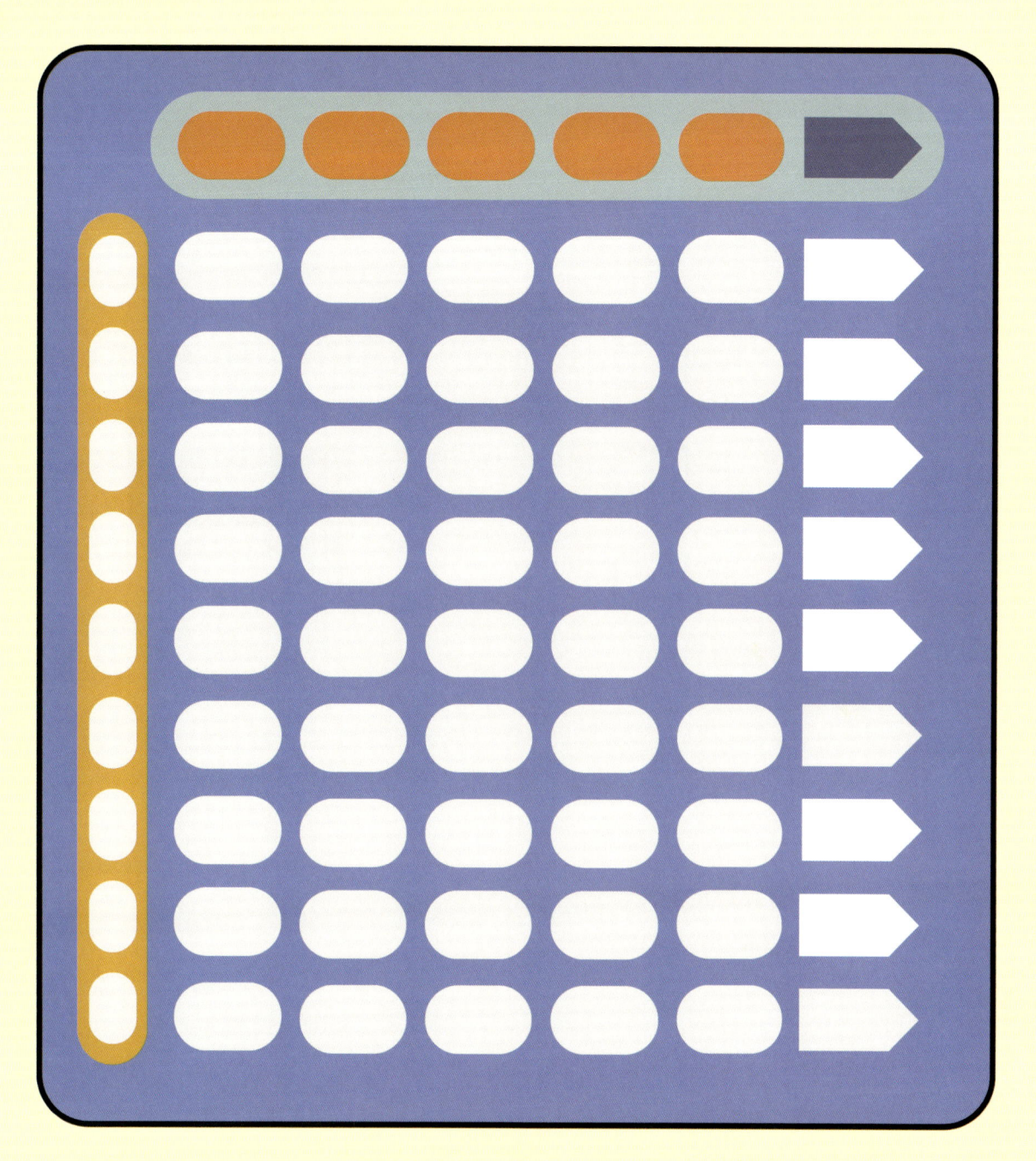

8-07

E. 收集資料後，使用資料表訓練魔法盒。按照我們之前的步驟，找到最佳的權重，讓魔法盒能作出正確的猜測！

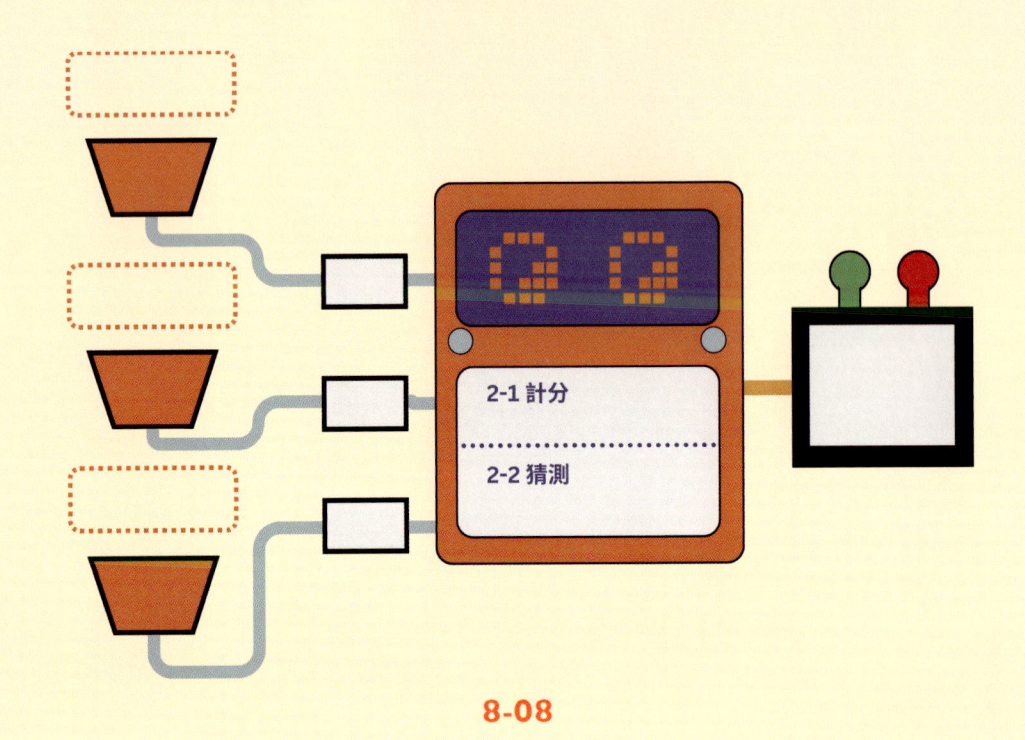

8-08

詞　彙

詞彙	定義	也稱為……
激勵函數 (Activation Function)	人工神經元內的一個數學方程式，負責將分數轉換為決策值，例如：0 或 1。	（無適用）
人工智慧 (Artificial Intelligence)	科學家設計的一組電腦程式，專門用來模擬自然智慧的行為。	AI
人工神經網路 (Artificial Neural Network)	一種特定類型的人工智慧，它的建構基礎是人工神經元。	深度學習

9-01

詞彙	定義	也稱為……
收集／資料收集 (Collect/Collection)	收集、識別以及測量資料紀錄的過程，這些紀錄是我們讓AI學習的內容。	（無適用）
直行 (Column)	資料表中的垂直元素，用於儲存特徵或目標。	特徵／目標／變數
資料 (Data)	我們收集並且使用它們來學習周圍事物的紀錄，資料的形式包括：數字、文字、圖片、聲音或影片等。	數據
資料表 (Data Table)	一種用來組織資料的視覺化工具，以橫列方式來呈現每筆個別資料，以直行／欄位的方式來呈現特徵和目標。	資料框／資料（數據）集／試算表
決策 (Decide/Decision)	使用訓練好的 AI 模型對沒見過的資料紀錄進行預測的過程。	預測

9-02

詞彙	定義	也稱為……
誤差 (Error)	錯誤猜測與正確標註（解答）之間的差異。	錯誤／殘差
特徵 (Feature)	可以用來識別或測量某事物的屬性／特色。	自變數／X 變數
猜測 (Guess)	AI 根據分數所得出的答案。	預測
標註 (Label)	每條紀錄的正確目標值。	正確答案／真實值
魔法盒 (Magic Box)	本書創造來代表人工神經元的虛構角色。是人工神經網路此類人工智慧的基本構建基石。	人工神經元

9-03

詞彙	定義	也稱為……
預測 (Prediction)	AI 在訓練過程中的猜測，或完成訓練後的決策。	猜測／決策
重新編碼 (Recode)	將原本紀錄重新改寫成其他數值的行為。如：將文字是/否分別改寫為1／0。	虛擬變數編碼／獨熱編碼
橫列 (Row)	資料表中水平的一列，用於儲存一筆紀錄。	個案／紀錄
計分 (Score)	計分公式的結果。	啟動值 (Activation)
計分方程式 (Scoring Equation)	用來計算預測值的數學公式，該公式為輸入特徵加權後的總和。	加權乘積總和

9-04

詞彙	定義	也稱為……
階梯函數 (Step Function)	一種激勵函數。在輸出計算結果時，會將負值轉換為 0，正值轉換為 1。是魔法盒簡單技巧的科學名稱。	閾值函數
簡單技巧 (Simple Trick)	將分數轉換為「是／否」猜測或決策的規則。	階梯函數（為一種激勵函數）
監督式學習 (Supervised Learning)	一種 AI 類型，會從具有正確標註的資料中，學習目標內容。	（無適用）
目標 (Target)	我們希望 AI 去學習某事物之特性。	依變數／Y變數／目標
訓練 (Training)	透過反覆對權重進行小幅度調整，來尋找最佳權重組合的過程。	（無適用）

9-05

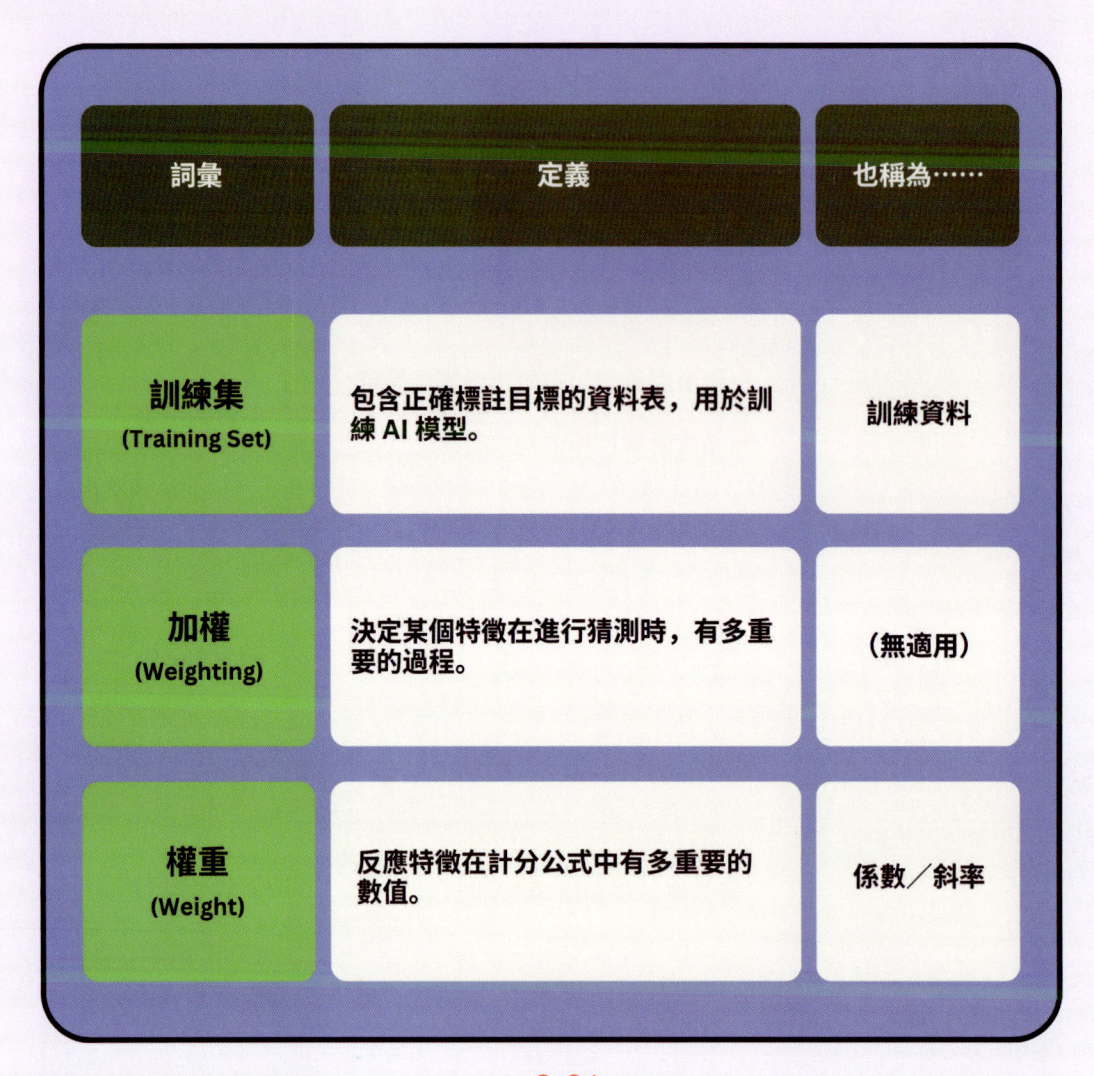

詞彙	定義	也稱為……
訓練集 (Training Set)	包含正確標註目標的資料表，用於訓練 AI 模型。	訓練資料
加權 (Weighting)	決定某個特徵在進行猜測時，有多重要的過程。	（無適用）
權重 (Weight)	反應特徵在計分公式中有多重要的數值。	係數／斜率

9-06

解 答

📌 **步驟1：收集**

1.
   A. 4
   B. 2
   C. 橫列
   D. 直行
   E.

家庭成員	年齡	頭髮*	口味**
媽媽	41	0	1
爸爸	43	1	1
娜娜	8	1	0
康康	14	0	1

*1 = 長；0 = 短
**1 = 香草；0 = 巧克力

10-04（2-03）

解答 91

2.

鄰居	是什麼顏色?	聲音大嗎?*	有多少扇門?	有多少個輪子?	它是汽車嗎?*
查寧	深藍	1	4	4	1
卡特里娜	奶油	0	5	4	1
謝爾曼	銀	0	0	2	0
梅根	黃	1	1	6	0
賈德	紅	1	2	4	1

*1 = 是；0 = 否

10-05（2-05）

A. 它是汽車嗎？

B.

鄰居	是什麼顏色? 顏色	聲音大嗎? 大聲	有多少扇門? 門	有幾個輪子? 輪子	它是汽車嗎? 汽車
查寧	深藍	1	4	4	1

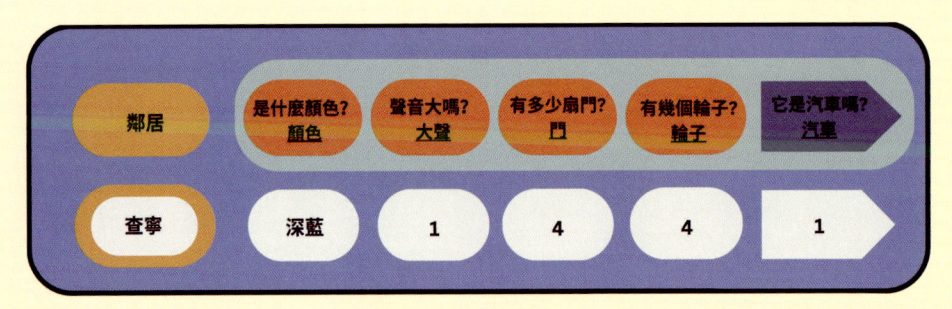

10-06（2-06）

C. 這是開放式問題，可能的特徵，包括：

汽車內有多少人？

汽車是快的還是慢的？

汽車有卡車車斗嗎？

汽車是電動車嗎？

汽車離地很高還是離地很低？

D. 8 直行

E. 10 橫列

3.

鄰居	是什麼顏色？	聲音大嗎？*	有多少扇門？	有多少個輪子？	頭燈搞笑嗎？*	它是汽車嗎？*
查寧	深藍	1	4	4	0	1
卡特里娜	奶油	0	5	4	1	1
謝爾曼	銀	0	0	2	0	0
梅根	黃	1	1	6	0	0
賈德	紅	1	2	4	1	1
雅斯米娜	彩虹	1	3	8	1	0

*1 = 是； 0 = 否

10-07（2-07）

4.

 A. 7；3

 B. 範例：毛髮顏色、眼睛顏色

 C. 範例：身高、體重

 D. 範例：尾巴長度、毛皮類型

 E. 目標

 F. 這是開放式問題。請用你想要的特徵來填寫表格！

第37頁

娜娜的模型：

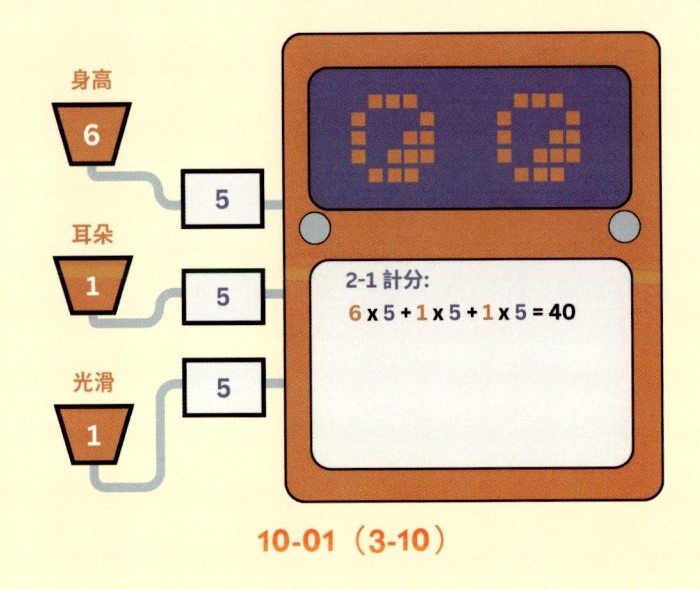

身高 6
耳朵 1
光滑 1

5
5
5

2-1 計分：
6 x 5 + **1** x 5 + **1** x 5 = 40

10-01（3-10）

第38頁

康康的模型：

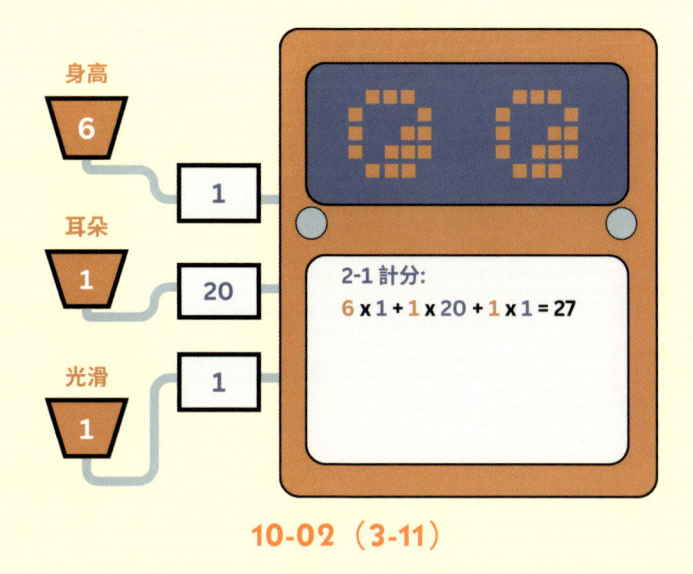

2-1 計分:
6 x 1 + 1 x 20 + 1 x 1 = 27

10-02（3-11）

第39頁

雅佩的模型：

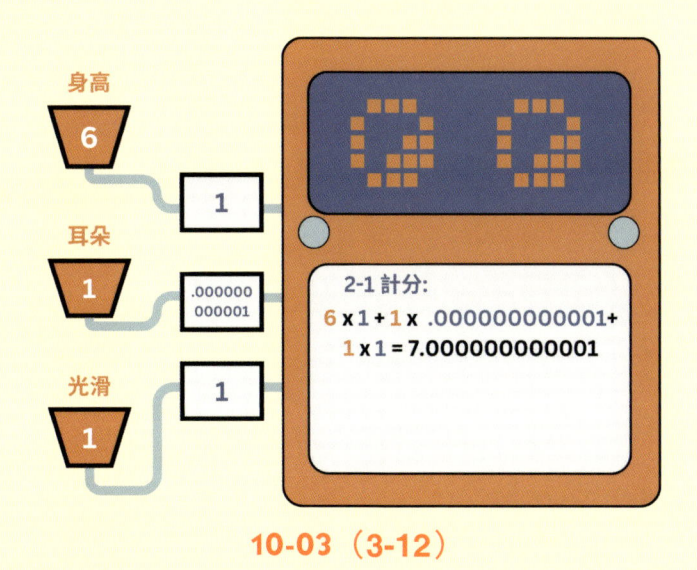

2-1 計分:
6 x 1 + 1 x .000000000001 + 1 x 1 = 7.000000000001

10-03（3-12）

步驟2：訓練

1. 是

   大聲 1
   門 4
   輪子 4

   1, 1, 1

   2-1 計分
   1 x 1 + 4 x 1 + 4 x 1 = 9

   2-2 猜測
   若 > 0 猜 1；若 < 或 = 0 猜 0

   1

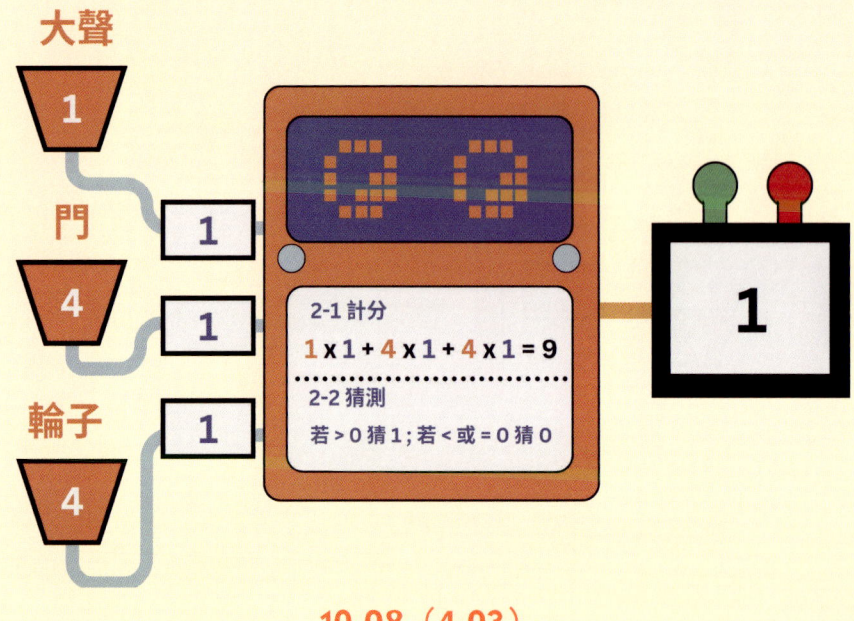

   10-08（4-03）

2. **門**的重要性是其他兩個特徵（**大聲** 和 **輪子**）的兩倍。

3.
   A. 標註

   B. 權重

   C. 特徵

   D. 直行

   E. *這是一個開放式問題。*

F. 年齡 ×1 ＋性別 ×(-2) ＋時間 ×2 ＋頭髮 ×2

年齡

性別 1

  -2

時間 2

頭髮 2

2-1 計分
年齡 x 1 + 性別 x (-2) +
時間 x 2 + 頭髮 x 2

2-2 猜測
若 > 0 猜 1；若 < 或 = 0 猜 0

口味？

10-09（4-05）

G. 年齡 ×1 ＋性別 ×(-2) ＋時間 ×2 ＋頭髮 ×2×**0.000001** 或 **0**

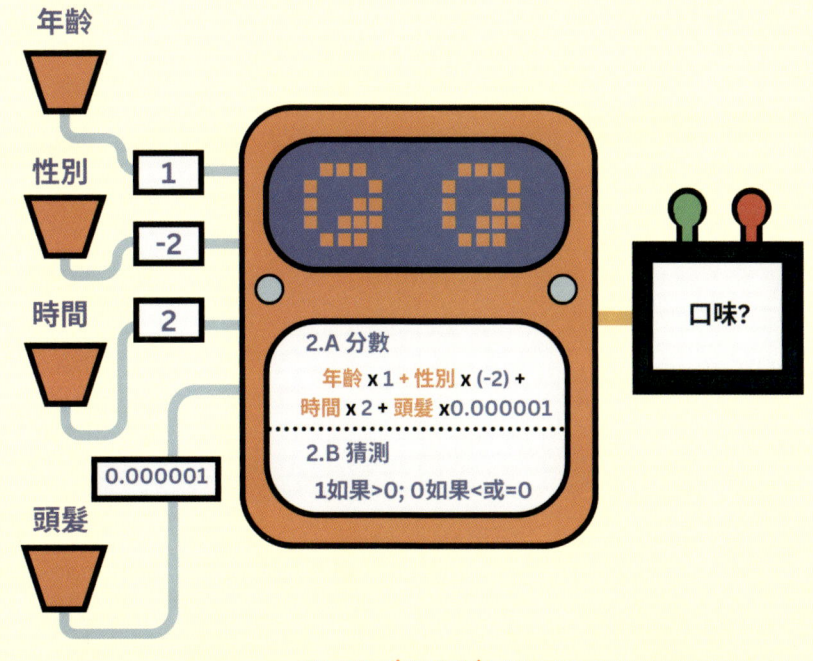

年齡

性別 1

  -2

時間 2

  0.000001

頭髮

2.A 分數
年齡 x 1 + 性別 x (-2) +
時間 x 2 + 頭髮 x 0.000001

2.B 猜測
1 如果 > 0；0 如果 < 或 = 0

口味？

10-10（4-06）

解答 97

📌 步驟3：決策

1.
   A.

   身高 18
   耳朵 0
   光滑 0

   -1
   20
   -20

   2-1 計分
   18 x (-1) + 0 x 20 + 0 x (-20)
   = -18

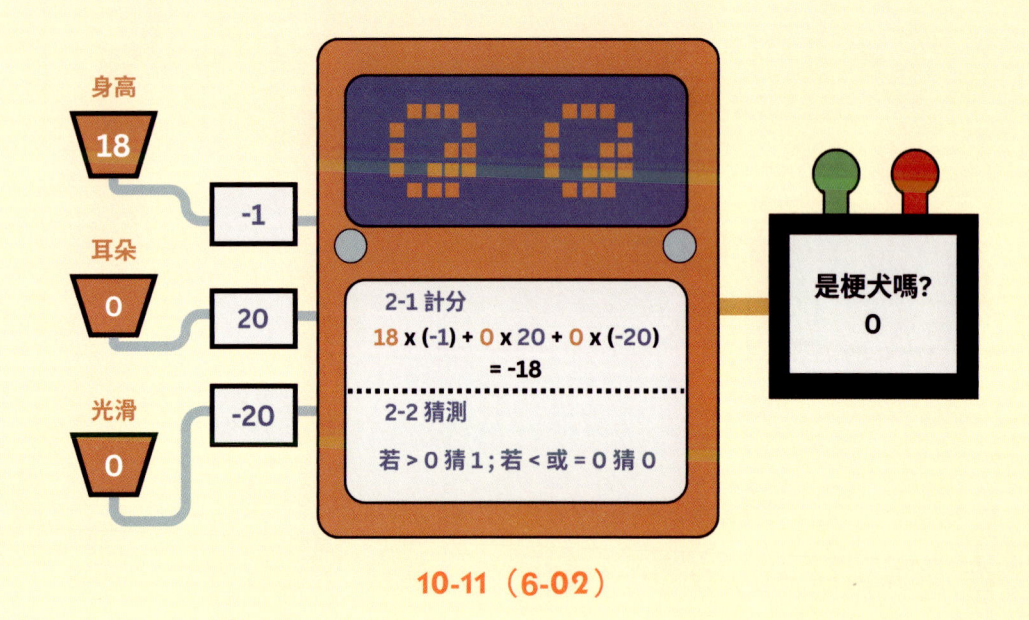

   2-2 猜測
   若 > 0 猜 1；若 < 或 = 0 猜 0

   10-11（6-02）

   是梗犬？
   0

   B. 魔法盒判斷錯誤。

C.

	計算得分	魔法盒的決策?	決策正確嗎?
亞倫	13 x (-1) + 0 x (20) + 1 x (-20) = (-33)	0	是
尤金	15 x (-1) + 1 x (20) + 0 x (-20) = 5	1	是
丹尼爾	20 x (-1) + 0 x (20) + 0 x (-20) = (-20)	0	否
阿麗莎	24 x (-1) + 1 x (20) + 0 x (-20) = (-4)	0	是
達隆	28 x (-1) + 1 x (20) + 1 x (-20) = (-28)	0	是
海莉	13 x (-1) + 1 x (20) + 1 x (-20) = (-13)	0	是
納撒尼爾	5 x (-1) + 1 x (20) + 0 x (-20) = 15	1	是
蒂米莉亞	30 x (-1) + 1 x (20) + 1 x (-20) = (-30)	0	是

10-12 (6-04)

D. 7 個

E. 1（魔法盒對丹尼爾的小狗狗所作出的決策是錯的）

F. 7／8 或 87.5%

G. 魔法盒會犯錯並不令人感到意外，因為用來訓練它的資料集非常小，只有一隻狗的紀錄。為了提升魔法盒的正確性，我們可以用更多小狗狗的資料，以及更多品種的小狗狗來訓練魔法盒。另一方面，無論魔法盒看過多少小狗狗的資料，總會有新的狗狗資料讓它難以分類。因此，像魔法盒這樣的 AI 模型，通常永遠不可能達到 100% 的準確率。

> 📌 **挑戰項目**

A. 打破個人紀錄（PR）

B. 他可以記錄朋友上週末的跑步成績，看看他們是否打破了個人紀錄。

C. 下列例子為如何調整特徵權重，並使用這些權重來達成正確的猜測。

　　假如我們認為**吃糖果**非常不好，並且對打破紀錄的可能性會有不好（負面）的影響，那麼可以給這個變數一個負數的權重（-10）。此外，假如**有睡飽**和**有練習**對**打破紀錄**一樣重要，我們可以給它們相同的權重 1。在下頁的表 10-14 中，我們列出了魔法盒對每位朋友能否打破紀錄的猜測。魔法盒作出了 11 次的猜測，它犯了 5 個錯誤！我們用紅色在表中標記這些錯誤。魔法盒的表現還好，但它應該可以作得更好。

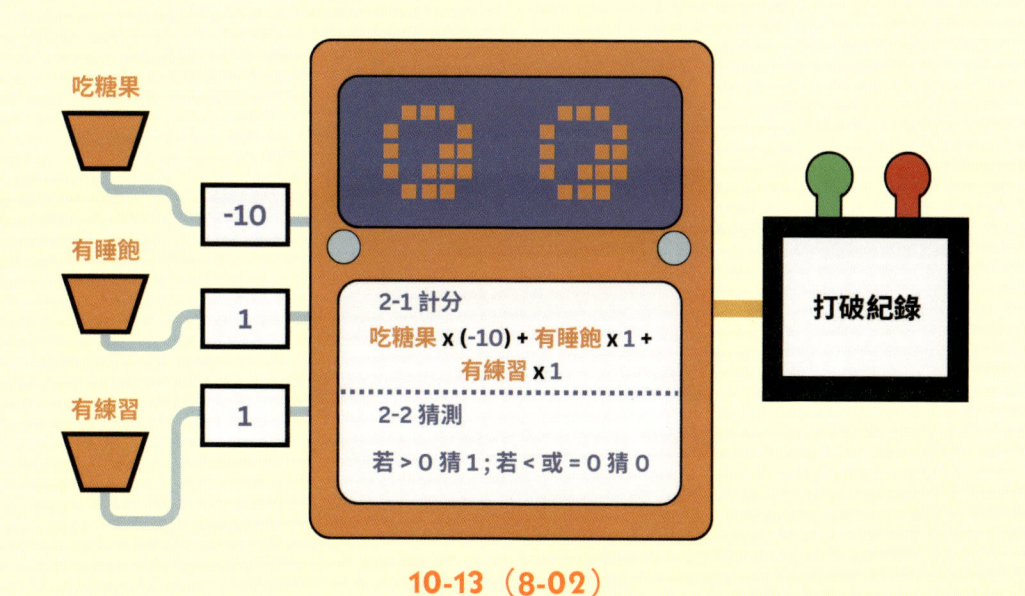

10-13（8-02）

	計算得分	魔法盒的猜測	實際標註
耶路撒冷	1 x (-10) + 0 x 1 + 0 x 1 = (-10)	0	0
阿圖羅	0 x (-10) + 1 x 1 + 0 x 1 = 1	1	1
班恩	0 x (-10) + 1 x 1 + 0 x 1 = 1	1	1
卡林	1 x (-10) + 0 x 1 + 1 x 1 = (-9)	0	1
克里斯蒂娜	0 x (-10) + 0 x 1 + 0 x 1 = 0	0	0
薩利瑪	1 x (-10) + 1 x 1 + 0 x 1 = (-9)	0	1
莎拉	1 x (-10) + 0 x 1 + 1 x 1 = -9	0	1
雷蒙德	0 x (-10) + 1 x 1 + 0 x 1 = 1	1	1
葛麗絲	1 x (-10) + 0 x 1 + 1 x 1 = (-9)	0	1
保羅	1 x (-10) + 0 x 1 + 0 x 1 = (-10)	0	0
伊恩	1 x (-10) + 1 x 1 + 1 x 1 = (-8)	0	1

10-14

　　也許**吃糖果**沒有那麼糟糕，我們可以把權重減少為 -1，並讓**有睡飽**和**有練習**的權重保持不變，仍為 1。使用這個計分方程式，魔法盒只犯了 4 次錯誤！魔法盒進步了！

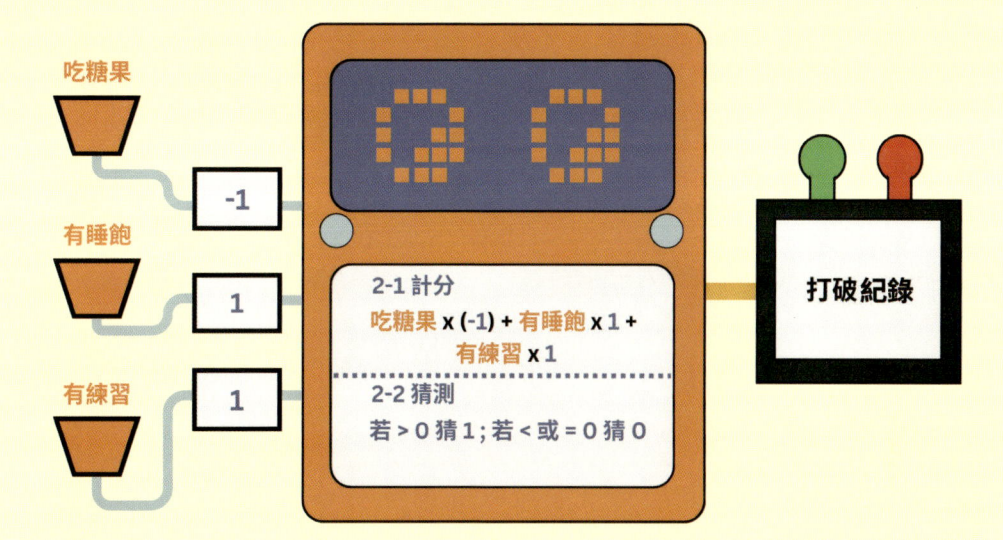

10-15

	計算得分	魔法盒的猜測	實際標註
耶路撒冷	1 x (-1) + 0 x 1 + 0 x 1 = (-1)	0	0
阿圖羅	0 x (-1) + 1 x 1 + 0 x 1 = 1	1	1
班恩	0 x (-1) + 1 x 1 + 0 x 1 = 1	1	1
卡林	1 x (-1) + 0 x 1 + 1 x 1 = 0	0	1
克里斯蒂娜	0 x (-1) + 0 x 1 + 0 x 1 = 0	0	0
薩利瑪	1 x (-1) + 1 x 1 + 0 x 1 = 0	0	1
莎拉	1 x (-1) + 0 x 1 + 1 x 1 = 0	0	1
雷蒙德	0 x (-1) + 1 x 1 + 0 x 1 = 1	1	1
葛麗絲	1 x (-1) + 0 x 1 + 1 x 1 = 0	0	1
保羅	1 x (-1) + 0 x 1 + 0 x 1 = (-1)	0	0
伊恩	1 x (-1) + 1 x 1 + 1 x 1 = 1	1	1

10-16

解答 103

有可能**有睡飽**和**有練習**非常重要,需要有更高的權重。我們試試將**有睡飽**和**有練習**的權重分別設為 10 和 15。我們將**吃糖果**的權重保持不變為 -1。這次,魔法盒的所有猜測都是正確的!

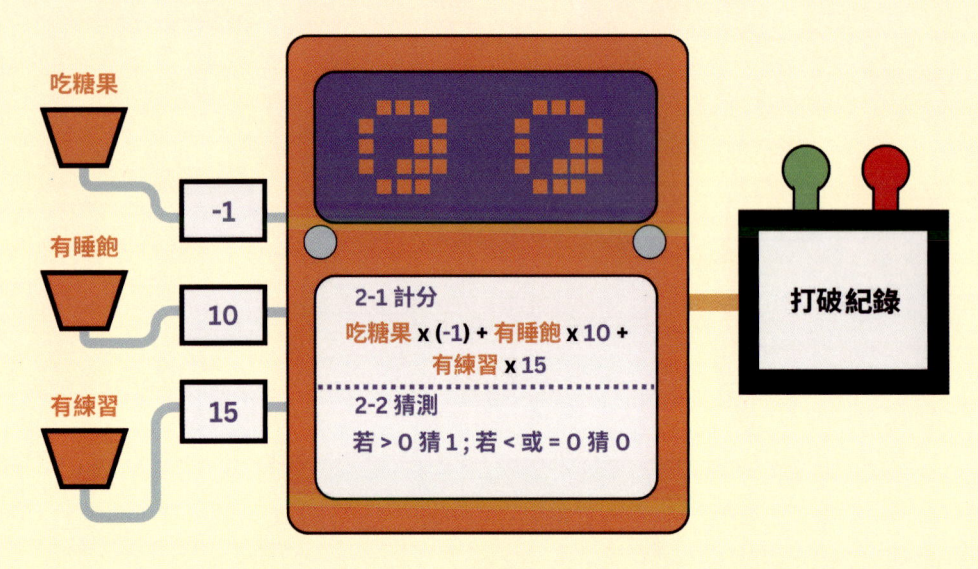

吃糖果　-1

有睡飽　10

有練習　15

2-1 計分
吃糖果 x (-1) + 有睡飽 x 10 + 有練習 x 15

2-2 猜測
若 > 0 猜 1;若 < 或 = 0 猜 0

打破紀錄

10-17

	計算得分	魔法盒的猜測	實際標註
耶路撒冷	1 x (-1) + 0 x 10 + 0 x 15 = (-1)	0	0
阿圖羅	0 x (-1) + 1 x 10 + 0 x 15 = 10	1	1
班恩	0 x (-1) + 1 x 10 + 0 x 15 = 10	1	1
卡林	1 x (-1) + 0 x 10 + 1 x 15 = 14	1	1
克里斯蒂娜	0 x (-1) + 0 x 10 + 0 x 15 = 0	0	0
薩利瑪	1 x (-1) + 1 x 10 + 0 x 15 = 9	1	1
莎拉	1 x (-1) + 0 x 10 + 1 x 15 = 14	1	1
雷蒙德	0 x (-1) + 1 x 10 + 0 x 15 = 10	1	1
葛麗絲	1 x (-1) + 0 x 10 + 1 x 15 = 14	1	1
保羅	1 x (-1) + 0 x 10 + 0 x 15 = (-1)	0	0
伊恩	1 x (-1) + 1 x 10 + 1 x 15 = 24	1	1

10-18

D. *這是開放式問題。一些可能的特徵，包括：*

吃早餐

喝能量飲料

身體不太舒服

穿跑鞋

關於作者

　　本書的主要作者鍾婷婷博士（Rachel Chung）在威廉與瑪麗學院梅森商學院教授人工智慧（AI），是一位屢獲殊榮的商業分析教授。鍾婷婷博士有豐富的教學經驗，多年來以包容性的教學方法，為來自不同背景的學生講解 AI 運作原理。本書是她大學與研究所課程教材的可愛版。書中角色康康（Connor）是她 14 歲兒子的名字。

　　毛昱文（Jennifer Mau）是康橋國際學校秀岡校區國際部學生。負責本書中文版所有的文字與圖表翻譯與編輯工作。Jennifer 熱愛美術、運動、與小朋友互動，是國小 STEAM 科學實驗程式設計課程的助教，也曾是 U21 輕艇水球國手。

　　鍾佩芝（Peggy Chung）是 Data Scientist Junior 的講師，非常喜歡孩子。書中角色娜娜（Atena）是她 9 歲女兒的名字。鍾佩芝曾從事全球科技管理工作，並擁有匹茲堡大學（University of Pittsburgh）統計學碩士學位與卡內基美隆大學（Carnegie Mellon University）資訊系統碩士學位。

　　拉尼・本加利（Rani Banjarian）是中小學（K-12）的數學教師，也是 Data Scientist Junior 的共同創辦人、課程設計負責人兼講師。曾在范德比大學（Vanderbilt University）主修創意寫作與物理，隨後就讀威廉與瑪麗學院，並在鍾婷婷博士的指導下，完成商業分析碩士學位。拉尼的夢想是寫書，而這本書讓他結合了自己數據科學專業、數學教育經驗與對寫作的熱情。

丹妮爾・席衣（Danielle Seay）是威廉與瑪麗學院主修視覺藝術與英文的大四學生。這本書的插畫均由她創作。透過丹妮爾生動的插圖與色彩豐富的視覺設計，讓孩子學習人工智慧的旅程變得繽紛有趣。丹妮爾也負責編輯這本書的英文原文書。

　　楊一思（Alisa Yang）是威廉與瑪麗學院的大四學生，主修數據科學與商業分析，是本書英文原文書的專案經理，負責書籍的編輯工作、確認書中的科學細節，以及本書之行銷與社群媒體之經營。

結　語

　　人工智慧（AI）的風潮正在席捲全球，成為家喻戶曉的話題。對 AI 素養的需求也日益迫切。我們相信，每個人，特別是身為 AI 原生世代成長的孩子，都應該了解 AI 的運作原理。本書透過插圖與互動活動，引導年輕讀者學習 AI 運作的三個關鍵步驟。透過康康和娜娜這對兄妹試圖說服媽媽養小狗狗的故事，讀者可以逐步理解 AI 分類演算法的基礎概念。

　　我們這本書的設計對象為 9 至 15 歲的讀者，因為他們已經具備基本的算術能力（能依序進行四則運算）與代數運算基礎。每個章節最後都設計了活動習作，讓讀者能夠實際練習剛學到的 AI 觀念。

　　這本書就是要讓你動手寫！請使用鉛筆在書中劃重點，並在活動習作中動手解題。我們希望這本書能解答你對 AI 運作方式的許多疑問，並幫助你學到相關知識與技能，讓你在日常生活中，能夠安全且健康地使用、評估和探索 AI。

少年博雅 043
AI 魔法盒：給中小學生的人工智慧奇趣故事書
AI The Magic Box: An Activity Book on Artificial Intelligence

作　者　群	鍾婷婷、毛昱文、鍾佩芝、拉尼・本加利、丹妮爾・席衣、楊一思
作者英文名	Rachel Chung、Jennifer Mau、Peggy Chung、Rani Banjarian、Danielle Seay、Alisa Yang

編輯主編	侯家嵐
責任編輯	侯家嵐
文字校對	許宸瑞
封面設計	俞筱華
排版完稿	賴玉欣
出　版　者	五南圖書出版股份有限公司
發　行　人	楊榮川
總　經　理	楊士清
總　編　輯	楊秀麗
地　　　址	106台北市大安區和平東路二段339號4樓
電　　　話	（02）2705-5066
傳　　　真	（02）2709-4875
劃撥帳號	01068953
戶　　　名	五南圖書出版股份有限公司
網　　　址	https://www.wunan.com.tw
電子郵件	wunan@wunan.com.tw
法律顧問	林勝安律師
出版日期	2025年6月初版一刷
定　　　價	新台幣380元

國家圖書館出版品預行編目（CIP）資料

AI魔法盒：給中小學生的人工智慧奇趣故事書 = AI the magic box : an activity book on artificial intelligence/ 鍾婷婷(Rachel Chung), 毛昱文(Jennifer Mau), 鍾佩芝(Peggy Chung), 拉尼.本加利(Rani Banjarian), 丹妮爾.席衣(Danielle Seay), 楊一思(Alisa Yang)著. -- 一版. -- 臺北市 : 五南圖書出版股份有限公司, 2025.06
　面；　公分
ISBN 978-626-423-406-1(平裝)

1.CST: 資訊教育 2.CST: 人工智慧 3.CST: 中小學教育

523.38　　　　　　　　　　　　114005585